Dépôt légal:
Bibliothèque Nationale du Québec
Bibliothèque Nationale du Canada
Quatrième trimestre 1998
ISBN: 2-920932-16-0
Première édition
Publié par:
Les Éditions E.T.C. Inc.
36 rue de la Gare, suite 101
St-Sauveur des Monts, Québec, Canada J0R 1R0
Tél: (450) 227-4411
Si interurbain: 1-800-361-3834
Télécopieur: (450) 227-3335
Courriel: etc@ietc.ca

Collection
ÉCOUTE TON CORPS

LISE BOURBEAU

répond à vos questions sur:

LA SENSUALITÉ ET LA SEXUALITÉ

7

ÉDITIONS E.T.C. INC.

Livres de LISE BOURBEAU déjà parus:

ÉCOUTE TON CORPS - ton plus grand ami sur la Terre (Tome 1)

ÉCOUTE TON CORPS, ENCORE! (Tome 2)

LISTEN TO YOUR BEST FRIEND YOUR BODY

QUI ES-TU?

JE SUIS DIEU, WOW!

TON CORPS DIT: AIME-TOI!

DE LA COLLECTION ÉCOUTE TON CORPS:

- Les relations intimes (Livret #1)
- La responsabilité, l'engagement et la culpabilité (Livret #2)
- Les peurs et les croyances (Livret #3)
- Les relations parents et enfants (Livret #4)
- L'argent et l'abondance (Livret #5)
- Les émotions, les sentiments et le pardon (Livret #6)
- La sensualité et la sexualité (Livret #7)

LA COLLECTION ROUMA (livres pour enfants)

- La découverte de Rouma
- Janie la petite

Consultez le catalogue de conférences sur cassettes de LISE BOURBEAU à la fin de ce livre.

Distribué au Québec par:
Québec-Livres
2185 Aut. des Laurentides
Laval (Québec)
H7S 1Z6
CANADA
Tél: (450) 687-1210
Fax: (450) 687-1331

Distribué en France par:
D.G. Diffusion
6, rue Jeanbernat
31000 Toulouse
FRANCE
Tél: (05) 61 62 63 41
Fax: (05) 61 62 65 39

Distribué en Suisse par:
Diffusion Transat SA
Route des jeunes, 4ter
Case postale 1210
1211 Genève 26
SUISSE
Tél: 022/342 77 40
Fax: 022/343 46 46

Distribué en Belgique par:
VANDER
Avenue des Volontaires 321
1150 Bruxelles
BELGIQUE
Tél: (02) 762 98 04
Fax: (02) 762 06 62

REMERCIEMENTS

Merci à tous ceuxet celles qui assistent àmes conférenceset ateliers.Grâce à votre recherched’une meilleurequalité de vie,à votre intérêt pour lesenseignementsd’Écoute Ton Corpset à vos multiplesquestions,j’ai pu créer cette Collection Écoute Ton Corps.

Un gros merci aux personnes très spéciales qui continuentdepuis le débutà collaborer avec moi afin de réaliser tous les livresparus à ce jour.

Partie 5: L'homosexualité

INTRODUCTION

Les questions contenues dans ce livret m'ont toutes été posées par des hommes et des femmes comme vous lors de mes conférences et de mes stages.

Ce recueil a été conçu afin de vous assister dans la mise en pratique de notions déjà élaborées dans mes livres *Écoute ton corps, ton plus grand ami sur la Terre* et *Écoute ton corps, Encore !* Si vous ne les avez pas encore lus, je vous suggère fortement de le faire avant d'entamer la lecture des pages qui suivent.

Pour véritablement bénéficier de ce livret, lisez chaque question et trouvez d'abord votre propre réponse avant de lire celle que j'ai à vous offrir.

Vous remarquerez que les questions proviennent davantage de personnes du sexe féminin. Ne vous laissez toutefois pas arrêter par ce fait ; la majorité de ces questions auraient pu être posées aussi bien par des hommes que par des femmes.

De plus, vous remarquerez que dans plusieurs de mes réponses, je fais référence aux " étapes de décodage " (expliquées en détail à la fin du livret) qui aident à découvrir une croyance. Ceci est intentionnel car certaines personnes ne lisent que les questions et réponses qui les concernent pour commencer.

Le pardon revient également à maintes reprises dans mes réponses. Les étapes du pardon véritable, telles qu'enseignées dans les stages d'Écoute Ton Corps, ont été expliquées dans de nombreux autres ouvrages, incluant le sixième livret de cette collection qui s'intitule *Les émotions, les sentiments et le pardon.* Je vous y réfère donc. Lorsque je parle de douleurs vécues dans la vie adulte (dues à des blessures entretenues depuis notre jeunesse), j'entends par là les cinq grandes blessures essentielles avec lesquelles je travaille principalement : le rejet, l'abandon, la trahison, l'humiliation et l'injustice.

Certaines des questions de ce livret peuvent se retrouver dans les autres livrets de cette collection puisqu'elles touchent des thèmes étroitement liés. Comme le sujet de la sexualité a un lien direct avec l'amour intime d'un couple, plusieurs problèmes de couple peuvent être réglés en lisant le premier livret de cette collection qui s'appelle *Les relations intimes.* Il s'y trouve sûrement des réponses qui peuvent aider à compléter les réponses du présent livret.

Toutes les réponses données dans ce livret sont basées sur une approche qui a fait ses preuves et qui est au cœur de la philosophie de vie enseignée par l'École de Vie Écoute Ton Corps. Mon approche sur la sexualité et sur les abus sexuels est basée sur la responsabilité totale de chaque être humain. Certaines de mes réponses seront peut-être plus difficiles à accepter parce que j'aborde la sexualité d'un point de vue spirituel plutôt que d'un point de vue strictement physique.

Je ne prétends pas avoir LA réponse à tout, mais avant de penser: “ Je suis sûr que cette solution n'apportera pas le résultat que je veux ”, je vous suggère fortement de l'expérimenter au moins trois fois avant de la mettre de côté. Ne laissez pas votre mental vous jouer des tours ! Laissez plutôt votre cœur décider et non la peur, qui est une création de l'ego.

Lorsque vous persistez à n'utiliser que ce que vous avez appris dans le passé pour gérer votre moment présent, sans expérimenter du nouveau, cela ne peut vous aider à transformer votre vie pour le mieux. Vous voulez améliorer votre vie ? Choisissez alors de vivre de nouvelles expériences. Bonne chance !

Avec amour,

Lise Bourbeau

Lise Bourbeau répond à vos questions sur

La sensualité et la sexualité

Partie 1: La sexualité et la sensualité

Est-il normal de refuser de montrer son amour à son conjoint, d'être affectueuse avec lui ? J'ai peur de me sentir humiliée en ne recevant pas d'amour en retour.

C'est votre ego qui vous fait agir ainsi, qui vous empêche de démontrer votre amour à votre conjoint. L'ego aime avoir raison et donner tort aux autres. Il semble qu'une partie de vous ne veuille plus montrer son amour à votre conjoint, probablement à cause de l'humiliation ressentie lorsque celui-ci ne montre pas son amour en retour. C'est malheureux parce que c'est vous-même que vous privez. Vous vous empêchez de vivre une relation plus harmonieuse et plus affectueuse avec votre mari, ce que vous semblez pourtant désirer. N'oubliez pas qu'on récolte toujours ce qu'on sème. Alors, allez-y et démontrez-lui votre amour et votre affection par n'importe quel moyen vous convenant. Par contre, il est important de réaliser que votre conjoint a sa propre façon de démontrer son amour. Il n'est pas obligé d'utiliser les mêmes moyens que vous. Si vous ne pouvez pas les voir, discutez-en avec lui. Dites-lui que vous avez des attentes, que vous aimeriez bien qu'il vous montre son amour et que vous vous sentez humiliée quand il ne le fait pas. Vous savez que l'amour véritable consiste justement à donner le droit à l'autre d'être différent ; de plus, votre blessure d'humiliation vous appartient. Croyez-vous vraiment que votre conjoint a l'intention de vous humilier ? C'est vous qui vous sentez humiliée et il est très important de vous en rendre compte.

Comment expliquez-vous que je sois toujours attentionnée envers mon compagnon et que lui est rarement disponible. Il fait preuve d'égoïsme envers moi. Quelle attitude dois-je adopter ?

Ce n'est pas parce que votre compagnon ne veut pas s'occuper de vous qu'il est égoïste. Être égoïste, c'est vouloir quelque chose au détriment de l'autre, comme lorsque vous voulez absolument avoir son attention quand lui n'est pas prêt à en donner ou qu'il est occupé à faire autre chose ; ou encore pour votre plaisir lorsque vous voulez obtenir quelque chose de lui. Refuser à quelqu'un ce que l'autre veut n'est pas de l'égoïsme ; c'est respecter ses limites, respecter ses propres besoins.

Vous êtes-vous déjà demandé pourquoi vous êtes toujours si attentionnée envers lui ? Qu'arriverait-il si vous lui portiez moins d'attention ? De quoi auriez-vous peur ? De ne pas être aimée ? Qu'il vous traite d'égoïste ? On dirait que vous avez tellement peur de passer pour une égoïste que vous vous forcez pour lui donner de l'attention. Finalement, c'est lui que vous accusez d'égoïste. Après avoir trouvé la réponse aux questions précédentes, il serait important pour vous deux de vous parler. Dites-lui pourquoi vous vous croyez toujours obligée de lui donner beaucoup d'attention. Il serait bien aussi de vérifier avec lui si ça le dérange de recevoir autant d'attention. Trouve-t-il que c'est trop ? Est-ce que cela lui plaît, bien qu'il soit incapable de vous en donner autant ? Ce n'est pas parce que vous êtes attentionnée qu'il doit l'être en retour. Apprenez à accepter la différence ; il vous montre son amour d'une autre façon, c'est tout.

Le soir, quand nous sommes couchés, je n'arrive jamais à m'avancer vers mon mari pour lui faire une caresse. J'hésite. Il est toujours le premier à le faire, pourtant je l'aime. Pourquoi ai-je cette difficulté ?

Pour obtenir votre réponse, je vous suggère d'utiliser la méthode de décodage des croyances détaillée à la fin de ce livret. Cette méthode vous permettra de découvrir la croyance et la peur qui se cachent derrière votre problème.

Quelle différence y a-t-il entre la sensualité et la sexualité? Où se place la libido ?

La sensualité est le caractère de tout ce qui est propre aux sens. Une personne sensuelle aime expérimenter tout ce qui flatte les sens, tant au niveau sexuel qu'à d'autres niveaux. Lorsqu'elle fait l'amour, la personne sensuelle va vouloir toucher, goûter, sentir, voir. La sexualité est définie comment étant l'ensemble des comportements relatifs à l'appareil génital. Lors de l'acte sexuel, la personne qui n'est pas sensuelle va vouloir arriver à l'orgasme rapidement. Elle ne pense qu'à l'acte en lui-même et non au partenaire. La libido, reliée à la sexualité, est la recherche instinctive du plaisir sexuel.

Qu'est-ce qui est à la base d'un besoin énorme de séduction à l'adolescence?

Le besoin de séduire n'est pas lié spécifiquement à l'adolescence. C'est un besoin qui fait partie d'une personnalité de type contrôlant. La personne contrôlante a souvent besoin de séduire pour montrer que c'est elle qui a le contrôle. Un synonyme de séduire est conquérir ; la personne séductrice aime bien faire des conquêtes. Une fois qu'elle a séduit quelqu'un, elle ne trouve plus autant de plaisir à continuer la relation, vu que la conquête est faite. Elle s'est prouvée qu'elle avait le dessus et le contrôle. Il est important de réaliser que les jeux de séduction n'apportent rien de bon, de stable et d'harmonieux dans une relation amoureuse. Il faut être prudent avec cette énergie de séduction. C'est un jeu qui peut devenir dangereux et le plus grand perdant en général est le séducteur. Certains croient que c'est une façon de reprendre contact avec leur pouvoir. Au contraire, plus une personne veut séduire, moins elle est en contact avec sa puissance intérieure.

Avez-vous un moyen pour enlever la peur sexuelle chez un homme?

Une telle peur chez l'homme vient soit d'une expérience sexuelle douloureuse quant il était jeune, soit d'une éducation sexuelle inexistante ou très sévère. Ses parents avaient peut-être peur de la sexualité à cause de leurs nombreux tabous à ce sujet. Suite à leur éducation familiale et religieuse, il arrive très souvent que les gens aient développé beaucoup de croyances face à la sexualité. Pour découvrir la cause profonde de sa plus grande peur au niveau sexuel, je suggérerais à cet homme de faire le décodage en s'aidant de la méthode expliquée à la fin de ce livret. Cela lui permettra de découvrir la croyance qui entretient sa peur de la sexualité.

Comment puis-je vivre ma sexualité alors que je suis seul et que je n'ai pas trouvé l'amour?

L'idéal dans ce genre de situation est d'apprendre à sublimer l'énergie sexuelle. Comment y arriver ? L'énergie sexuelle est à l'image de l'énergie de créativité. Une personne qui ressent et reconnaît quotidiennement son pouvoir de créer sa vie telle qu'elle la veut est en contact avec son énergie sexuelle. Vous sublimez cette énergie lorsque vous passez du rêve à l'action en créant ce que vous voulez vraiment dans votre vie. Vous le faites pour vous et non pas pour faire plaisir aux autres ou pour répondre à leurs attentes. Voilà comment on sublime l'énergie sexuelle. Sachez aussi qu'il est possible et normal d'avoir des moments de " trop plein " d'énergie sexuelle et d'avoir recours à la masturbation. Même si ce n'est pas l'idéal, donnez-vous le droit d'avoir des limites à ce niveau et d'être parfois obligé d'y avoir recours. Si le fait de vivre seul vous fait vraiment souffrir et que vous voulez découvrir la croyance en vous qui cause ce manque, je vous suggère de suivre la méthode décrite à la fin de ce livret.

Lorsque nous voulons faire l'amour, mon mari et moi, doit-on le dire à notre enfant de cinq ans en lui demandant d'aller jouer dans sa chambre ? Ou devons-nous nous contenter d'attendre qu'il dorme ou qu'il soit absent pour le faire?

Je ne crois pas qu'il soit nécessaire de dire à l'enfant que vous voulez faire l'amour ou encore que vous deviez attendre qu'il soit absent ou qu'il dorme, surtout si vous préférez faire l'amour le jour. Rien ne vous empêche de vous isoler dans votre chambre et de dire à l'enfant que vous voulez être seuls dans votre chambre un moment. Votre enfant n'a pas besoin d'une surveillance constante, il devrait pouvoir s'amuser tout seul à cet âge. Assurez-vous de fermer votre porte pour être tranquilles. Il n'est pas toujours utile de tout dire aux enfants. Même s'ils se doutent de ce qui se passe, cela n'est pas grave, c'est naturel.

Un enfant peut-il être différent s'il naît d'une union spirituellement ressentie ou d'une union basée uniquement sur le plaisir sexuel?

Oui, il y a définitivement une différence au niveau de l'attraction exercée sur l'âme. Selon la loi d'attraction qui gère notre monde, l'âme est attirée par ce qui est semblable à elle. Les personnes qui font l'amour seulement pour assouvir leurs désirs sexuels, donc pour les sensations physiques, attireront une âme qui sera beaucoup plus dépendante des sensations physiques de ce monde. Au moment de l'union, la motivation des deux partenaires crée une énergie autour d'eux qui attire une âme en fonction de cette motivation.

Que pensez-vous des scènes sexuelles à la télévision pour les jeunes spectateurs? Que répondre à leurs questions s'ils assistent à ces scènes par mégarde?

Il est très difficile aujourd'hui de cacher quoi que ce soit aux enfants car tout est beaucoup plus accessible, que ce soit par la télévision, les kiosques à journaux et à revues, sur Internet, etc. Ils sont aussi beaucoup plus ouverts entre amis, ils se parlent de tout. La meilleure attitude à adopter est d'être vrai, peu importe l'âge des enfants. Quand un enfant pose une question, c'est parce qu'il est prêt à recevoir la réponse ! Il est bon également d'expliquer à l'enfant que ce qu'il voit à la télévision ou dans les revues pornographiques ne représente pas la réalité. Montrez-lui comment celle-ci est déformée et apprenez-lui à utiliser son discernement pour faire la part des choses.

Mon fils de 14 ans est très attiré par la pornographie dans les magazines, sur les vidéocassettes, enfin par tout ce qu'il peut trouver sur le sexe. Je ne sais pas comment aborder ce problème. De plus, ce même fils souffre d'énurésie. Y a-t-il un lien entre les deux?

Il est assez courant pour un enfant de 14 ans d'être attiré par la pornographie. Il ne faut surtout pas s'alarmer. Si, toutefois, vous vous apercevez que ça devient hors de proportion, c'est-à-dire qu'il ne pense qu'à cela et qu'il en devient obsédé, vous devez avoir une bonne discussion avec lui. Faites-le parler sur ce qui l'attire et le motive là-dedans. Quel manque essaie-t-il de combler ? Si votre fils est à ce point mordu de pornographie, il est possible qu'il manque de sensations physiques dans sa vie et qu'il en recherche à travers la pornographie. Il croit combler ainsi son besoin véritable mais ce n'est qu'une illusion. Votre fils fait-il beaucoup de sport ? Crée-t-il des choses ? A-t-il des buts dans la vie ? Tout cela est important pour un adolescent de quatorze ans. En ce qui concerne son problème d'énurésie ou d'incontinence urinaire, en voici la signification métaphysique telle que décrite dans mon livre " *Ton Corps dit: Aime-toi* ":

" Le fait de mouiller le lit de façon incontrôlée la nuit indique que cet enfant s'est trop retenu le jour et que la nuit, il ne parvient plus à se contrôler. C'est le genre d'enfant qui craint beaucoup l'autorité, surtout celle du père ou la personne jouant le rôle du père. Cela ne veut pas nécessairement dire que cet enfant a une peur physique de son père. Il a plutôt peur de lui déplaire, de ne pas être à la hauteur de ses attentes. Pour cet enfant, déplaire à ce parent serait aussi honteux que de mouiller son lit.

Il est important de lire ce qui est écrit plus haut à l'enfant qui vit ce problème et de savoir que tout ce dont cet enfant a besoin, c'est de l'encouragement. Dire à cet enfant qui s'en demande déjà beaucoup lui-même, qu'il est bon, valoriser ses talents et lui répéter que même s'il fait des erreurs ses parents vont l'aimer quand même, l'aidera à finir par y croire et à relâcher le contrôle le jour. Il serait recommandé à cet enfant de vérifier si ce qu'il croit au sujet des attentes de ses parents (surtout du père) est vraiment fondé."

Que dire à un enfant de 13 ans qui entre dans la chambre à coucher de ses parents qui sont en train de faire l'amour et qui s'en va aussi vite qu'il est venu?

Il est important de le faire se sentir à l'aise le lendemain ou le plus tôt possible après l'incident. C'est une bonne chose d'en parler avec l'enfant et de lui demander comment il s'est senti en voyant ses parents faire l'amour. Expliquez-lui qu'il doit accepter l'idée qu'un jour ou l'autre, cela devait arriver. C'est une situation qui arrive à presque tout le monde à un moment donné. Il ne faut surtout pas que l'enfant se sente honteux face à cette situation.

Que pensez-vous des interdits de certaines religions envers la sexualité?

Les religions ont commencé à interdire la sexualité seulement depuis l'époque du patriarcat, c'est-à-dire depuis environ 3000 ans alors que l'homme a beaucoup dominé la planète. Avant cette époque, nous vivions dans une époque plus matriarcale, où les femmes avaient le pouvoir. Elles étaient des déesses, des prêtresses et les sages du village. Elles avaient une plus grande liberté sexuelle. Les enfants leur appartenaient et prenaient le nom de la mère. Quand les hommes ont pris le pouvoir, ils ont décidé qu'ils seraient maintenant les " propriétaires " de leurs femmes et de leurs enfants et que ces derniers devraient porter le nom du père. L'homme s'est prétendu supérieur à la femme et aux enfants. Afin de s'assurer que leur femme portait bien leur enfant, les hommes ont instauré des religions qui interdisaient à la femme de faire l'amour avant de se marier ou si elle n'avait pas l'intention d'avoir un enfant. On a donc véhiculé depuis très longtemps, que la femme n'avait pas droit au désir sexuel, n'étant faite que pour concevoir des enfants. Sa sexualité devait être utilisée dans ce but seulement. Maintenant, comme nous nous dirigeons vers une époque où l'équilibre entre l'homme et la femme sera plus évidente, le partage du pouvoir se fera de façon plus équilibrée. Il y aura de plus en plus de liberté et d'égalité au niveau de la sexualité autant chez l'homme que chez la femme.

Quelle est la meilleure façon de dire à ma partenaire que je veux faire l'amour avec elle ? On ne veut pas toujours faire l'amour en même temps et je voudrais avoir une bonne méthode pour l'approcher.

On demande à l'autre de faire l'amour comme on fait n'importe quelle autre demande : sans attentes ! De cette façon, vous évitez toute déception, toute émotion et la relation ne s'en porte que mieux. Cela veut dire que quelle que soit la réponse de votre partenaire, elle sent que vous l'aimez tout autant. Ainsi, elle se sent plus ouverte et à l'aise dans sa réponse. Lorsqu'il n'y a pas d'attente, l'autre semble avoir davantage envie de faire plaisir à celui qui demande. Il arrive parfois que dans un couple, un des deux partenaires attende que l'autre prenne l'initiative, vu qu'il ne sait pas trop comment le demander. Il n'ose pas en parler, alors qu'il a le désir de faire l'amour. Peut-être est-ce ce qui se passe pour votre partenaire ? Souvenez-vous qu'il est beaucoup plus intelligent de faire ses demandes et de risquer d'avoir un oui que de ne rien demander par peur de se faire dire non.

Que pensez-vous des parents qui se promènent nus devant leurs enfants ou qui prennent un bain avec eux ?

Selon moi, ce n'est ni bien, ni mal. Cela dépend de l'éducation et des mœurs de chacun. S'il n'y a aucune connotation de mal et que chacun se sent bien, pourquoi pas ? Par contre, il est important de respecter la pudeur qui se manifeste chez la majorité des enfants qui arrivent à l'adolescence. Cette pudeur est tout à fait normale et naturelle. L'enfant ne doit pas se sentir obligé de continuer à se promener nu ou à regarder les autres se promener nus s'il ne se sent pas bien dans cette situation. Je suggère aux parents qui croient bon d'habituer leurs enfants au nudisme, de bien s'assurer, surtout vers l'âge de dix ou onze ans, que l'enfant se sent toujours à l'aise avec ce choix.

Comment arriver à oublier son passé pour vivre une relation sexuelle satisfaisante?

Si des douleurs issues du passé vous empêchent de vivre une relation sexuelle harmonieuse, c'est que vous continuez à entretenir une rancune envers la ou les personnes qui vous ont causé ces douleurs. Il y a encore une blessure non guérie et le seul moyen que je connaisse pour arriver à la guérir est le pardon véritable. Vous pouvez retrouver cette technique dans plusieurs de mes livres ou en assistant à mes ateliers.

Je m'aperçois que je suis une femme enfant car je cherche toujours mon père. Je me débrouille toute seule mais lorsque j'ai un conjoint, je compte sur lui pour tout. Je cherche même à me faire bercer. De plus, dans le domaine sexuel, il ne faut surtout pas que je sente que mon conjoint aime mieux mon corps que moi. Que me conseillez-vous pour régler ce problème?

Votre question démontre que vous êtes une femme très dépendante. Cela indique un manque d'amour de vous-même. Plus la dépendance est forte, plus le manque est grand. C'est pour cette raison que vous voulez être aimée de l'autre. Vous avez dû souffrir d'avoir été abandonnée ou de vous être sentie abandonnée par votre père étant jeune. Peut-être n'était-il pas du genre à vous donner l'attention voulue ? Vous pouvez avoir vécu ce manque même si vous receviez de l'attention de votre père. Il y a des enfants à qui on peut donner beaucoup d'attention et d'affection et pour qui ce n'est jamais assez. Il est donc grand temps que vous appreniez à vous aimer et à vous donner le droit d'être telle que vous êtes. Je vous suggère également de faire le pardon avec votre père que vous avez sûrement accusé de ne pas s'être assez occupé de vous.

Vous dites qu'on peut canaliser et sublimer l'énergie sexuelle en réalisant des projets, en étant créatif. Pour ma part, je trouve que nous, les hommes, n'avons pas les mêmes besoins sexuels que les femmes et que ce moyen s'applique surtout aux femmes. Qu'en pensez-vous?

L'énergie sexuelle n'est ni féminine, ni masculine ; de l'énergie, c'est de l'énergie. Il est vrai que l'homme et la femme perçoivent la sexualité différemment, mais cela est plutôt dû à l'éducation, aux croyances et à la religion. Pour avoir rencontré plusieurs hommes l'ayant fait, je sais qu'il est possible, autant pour l'homme que pour la femme, de canaliser son énergie sexuelle et de la sublimer pour créer davantage dans sa vie.

Je veux commencer une relation avec un homme mais je n'arrive pas à me décider à faire l'amour. Depuis mes deux grossesses, j'ai honte de mes seins qui sont plus petits et plus flasques. Recourir à la chirurgie esthétique pourrait-il être une bonne solution?

Vous semblez avoir beaucoup de difficulté à vous aimer et à vous trouver belle en regardant vos seins. Si cela vous affecte au point de vous empêcher d'être libre dans une nouvelle relation, il est possible que la chirurgie soit la bonne solution pour vous. C'est votre corps et vous avez le droit d'en faire ce que vous voulez, en acceptant toutefois l'idée que vous seule aurez à assumer les conséquences de vos décisions. Je vous suggère donc de bien vous informer du pour et du contre, ainsi que des conséquences possibles à ce genre d'intervention. Si vous décidez d'aller de l'avant, faites-le par amour pour vous et non par peur de déplaire à l'autre. Votre motivation est ce qui fait toute la différence. Quand on fait un choix par peur de quelque chose, ce choix risque d'être mal vécu. Tandis que si vous le faites par amour pour vous-même et que vous vous donnez le droit d'avoir des limites, vous vivez l'expérience beaucoup plus facilement et dans l'harmonie.

J'aime bien faire l'amour mais je n'arrive jamais à atteindre l'orgasme. Qu'est-ce que cela veut dire?

Voici l'explication à ce problème, tirée de mon *livre " Ton corps dit : Aime-toi ! "* :

" Comme l'orgasme représente l'ouverture de tous les centres d'énergie du corps (les chakras), ce blocage est le moyen qu'utilise la personne pour refuser ce qui vient de l'autre. Elle ne s'ouvre pas aux cadeaux de l'autre. Cette personne a de la difficulté à accepter ce qui vient du sexe opposé. Elle préfère se contrôler plutôt que de s'abandonner à l'autre et de jouir de sa présence. C'est une personne contrôlante en général. De plus, comme l'orgasme physique est synonyme de plaisir, c'est une personne qui a de la difficulté à s'autoriser des plaisirs dans sa vie quotidienne sans se sentir coupable.

Si vous croyez punir l'autre en bloquant votre orgasme, vous faites fausse route car c'est vous-même que vous punissez. L'orgasme est le moyen par excellence pour fusionner avec le sexe opposé, donc de vous ouvrir à la fusion intérieure du principe féminin et masculin en vous. De plus, une relation sexuelle est une expérience très énergisante lorsqu'elle est vécue dans l'amour et le don de soi. L'orgasme physique est là pour vous rappeler la grande fusion de l'âme et de l'esprit à laquelle nous aspirons tous.

Apprenez à vous aimer davantage et acceptez l'idée que vous méritez du plaisir dans votre vie. C'est votre responsabilité de vous créer une vie plaisante, ce n'est pas celle des autres. Les autres ne peuvent vous donner ce que vous ne pouvez vous-même vous donner (loi spirituelle de cause à effet). Vous avez grand intérêt à apprendre à lâcher prise dans votre vie, à vous abandonner davantage plutôt que croire que les autres vont vous contrôler si vous n'avez pas le contrôle."

Mon compagnon ne veut pas toucher mon corps, il me touche à travers les couvertures quand on fait l'amour. Pouvez-vous m'expliquer pourquoi?

Il est impossible de comprendre ce qui se passe chez une personne sans vérifier avec la personne elle-même. Le fait d'avoir attiré un tel compagnon démontre qu'une partie en vous ne veut pas se faire toucher. Un conjoint est toujours là pour nous refléter, pour nous aider à découvrir des parties de soi que nous ne voulons pas voir. Je vous suggère de suivre la méthode de décodage expliquée à la fin de ce livret pour trouver la croyance qui cause cette peur de vous faire toucher.

Mon fils de 25 ans a été élevé par mes parents. Ma mère était très sévère, mon père très permissif et toute ma famille m'a toujours détruite à ses yeux. Aujourd'hui il a de sérieux problèmes de comportement, d'alcool, de prostitution et de désorientation sexuelle. Il se sent très seul et très malheureux. Comme nous sommes proches tous les deux, il me demande de l'aider mais moi je suis désespérée, j'ai le cœur brisé. Qu'est-ce que je pourrais faire pour l'aider?

Si votre fils n'a jamais connu son père, il est plus que probable que cela ait causé chez lui une grande blessure de rejet. Il s'est probablement senti abandonné également par vous qui l'avez laissé chez vos parents. Ce sont des blessures très profondes auxquelles on ne veut généralement pas toucher car elles font trop mal. Si, en plus, ses grands-parents sont tout à fait opposés l'un de l'autre, qu'ils vous dénigrent et qu'il n'a pas eu de modèle masculin respectable à qui s'identifier, c'est d'autant plus perturbant pour un jeune enfant. Votre fils ne voulait sûrement pas s'identifier à son grand-père puisqu'il vous dénigrait. Il ne voulait pas devenir comme lui. Il aurait voulu s'identifier à son père mais il était absent. Toute cette situation a probablement engendré chez votre fils des sentiments de haine envers vous, son père et ses grands-parents. Il est probablement très déçu, frustré et rempli de rancune. C'est lourd à porter et il est tout à fait normal, dans son cas, d'avoir perdu son identité et d'avoir développé tous ces problèmes.

Il serait urgent que votre fils rencontre quelqu'un qui pourrait l'aider à lui faire reprendre contact avec les raisons de sa venue sur cette planète, quelqu'un qui pourrait l'aider à développer une perception différente de sa mère et de son père, et surtout, quelqu'un qui l'aiderait à pardonner à toutes ces personnes qui l'ont blessé et à se pardonner de les avoir jugées et haïes.

Il est important qu'il comprenne que vous ne l'avez pas abandonné parce que vous ne l'aimiez pas, mais parce qu'étant donné les circonstances au moment de sa naissance, vous ne pouviez pas le garder auprès de vous. Il doit réaliser que ses blessures ne viennent pas de ce qui s'est passé mais de la manière dont il interprète ce qui s'est passé. Il aurait besoin de " recréer " son passé pour arriver à reprendre contact avec sa propre identité. C'est le pardon véritable qui s'avère le moyen le plus rapide et le plus efficace pour ce genre de problème.

J'ai du mal à m'abandonner sexuellement avec mon conjoint. J'ai peur que si je m'abandonne, il ait le dessus et profite de la situation. Bien que je sois consciente de cette peur, je ne parviens toujours pas à m'abandonner. Que puis-je faire pour y parvenir?

Si vous avez peur que votre conjoint profite de vous et qu'il ait le dessus sur vous, cela indique que vous êtes une personne plutôt contrôlante ; une personne qui aime bien avoir le contrôle des situations dans sa vie. Sans vous connaître, je suis certaine que vous avez le contrôle dans plusieurs autres domaines dans votre couple. Vous dirigez probablement la vie de couple en grande partie. Si vous ne vous sentez pas bien à l'idée que votre conjoint ait le contrôle sexuellement, c'est pour vous montrer comment il se sent, lui aussi, quand vous voulez le manipuler et qu'il a de la difficulté à s'abandonner. Ça démontre aussi que vous ne vous sentez pas bien lorsque vous contrôlez votre conjoint. Dans un couple, on a toujours les mêmes choses à apprendre. Il serait intéressant de vérifier avec votre conjoint s'il a peur que vous ayez le dessus sur lui et s'il a aussi de la difficulté lorsque vous avez le dessus dans quelque domaine que ce soit. Travailler ensemble sur la relation de contrôle au sein de votre couple vous aidera à améliorer vos relations sexuelles.

Cette peur d'être contrôlée et le désir de contrôler l'autre se développe suite à un sentiment de trahison vécu avec votre père. Votre père répondait-il à vos attentes? Trouviez-vous qu'il était un homme responsable ? Vous a-t-il déçue? L'aviez-vous mis sur un piédestal pour ensuite réaliser qu'il ne répondait pas à ce que vous attendiez de lui ? Ce sont toutes des raisons qui pourraient avoir engendré un sentiment de trahison. Devenue adulte, vous voulez le contrôle pour ne pas vous sentir trahie à nouveau par un homme. Pour régler votre problème plus rapidement, je vous suggère fortement de travailler sur cette blessure de trahison avec votre père en faisant un processus de pardon avec lui.

Comment avoir de bons rapports sexuels avec mon mari après qu'il m'ait battue et humiliée?

Qu'est-ce qui fait que vous êtes encore avec votre mari ? Continuez-vous à vivre avec lui par peur ou par amour pour lui et pour vous? Si votre décision de rester avec lui est basée sur une peur, ce n'est pas la bonne décision pour vous et il sera très difficile d'avoir une bonne relation en tout point, incluant la dimension sexuelle. Si vous n'arrivez pas à quitter votre mari, donnez-vous le droit d'avoir peur en sachant qu'un jour, avec le temps, les peurs changent, elles ne sont jamais permanentes. De plus, parlez-en à votre mari et expliquez-lui que la seule raison pour laquelle vous continuez à vivre avec lui est que vous avez peur de telle ou telle conséquence. En vous donnant l'heure juste, il se peut que vous commenciez à voir des changements dans votre relation. Être capable de se parler de ses peurs rapproche beaucoup un couple. Un homme et une femme s'attirent parce qu'ils ont les mêmes choses à apprendre. Je suis assurée que votre conjoint entretient les mêmes peurs que vous. Si, par exemple, vous n'êtes pas capable de vivre toute seule parce que vous avez peur de vous sentir abandonnée ou parce que vous avez peur de l'abandonner, votre mari vit sûrement les mêmes émotions lui aussi. C'est à vous de décider : si vous laissez votre peur gagner et qu'il est trop difficile pour le moment de vous séparer, vous devez accepter les conséquences de votre choix en vous donnant le droit d'avoir des limites. Un jour, vous serez capable de vous aimer suffisamment pour prendre la bonne décision : soit de rester avec votre mari par amour pour lui, en découvrant des aspects de lui que vous n'aviez pas vus auparavant, soit en décidant de le quitter pour vivre autre chose par amour pour vous-même.

Pour moi le mot intimité est relié directement à la sexualité. Pouvez-vous me donner la vraie définition de l'intimité ?

Selon le dictionnaire, l'intimité c'est le caractère intime et profond, ce qui est intérieur et secret. Deux personnes sont donc vraiment intimes lorsqu'elles sont capables de se confier l'une à l'autre, de se dire ce qu'elles vivent à l'intérieur d'elles-mêmes, de se partager leurs plus profonds secrets. Deux personnes peuvent être très intimes sans qu'il y ait nécessairement de relations sexuelles. On peut aussi avoir des relations sexuelles sans qu'il y ait d'intimité. Au niveau du couple, il doit y avoir une intimité profonde ainsi qu'une sexualité harmonieuse pour vivre une relation idéale.

Quand j'avais de l'argent, je n'avais aucun problème sexuel. Depuis que je n'ai plus d'argent, j'ai beaucoup de problèmes au niveau sexuel. Pouvez-vous m'expliquer le lien entre les deux?

Il est possible que le fait d'avoir de l'argent vous donnait un sentiment de puissance, ce qui vous donnait du même coup un sentiment de puissance au niveau sexuel. Pour beaucoup d'hommes, le problème d'impuissance sexuelle est relié directement à leur impuissance matérielle. Le message est que vous vous identifiez trop à vos biens matériels. Vous croyez que si vous avez beaucoup d'argent et de biens, vous êtes quelqu'un de puissant. Vous associez le " avoir " avec le " je suis ". Vous avez besoin d'apprendre à vous identifier à l'être exceptionnel que vous êtes et non à votre argent. Vous êtes bien au-delà de cela. L'argent est seulement un moyen d'échange utilisé par les humains pour gérer l'aspect matériel d'une planète matérielle. Reprenez contact avec vos qualités, faites-vous plus de compliments et cherchez votre identité dans autre chose que l'argent et le sexe.

Lorsque nous faisons l'amour, mon conjoint me demande de faire certaines choses que je n'aime pas faire. Comment arriver à lui faire plaisir tout en me respectant?

Personne n'est obligé de faire quoi que ce soit pour quelqu'un d'autre et ce n'est pas de l'égoïsme que de refuser : c'est de l'amour et du respect de soi. Par contre, si vous avez de la difficulté à plaire à votre mari au niveau sexuel, regardez quelle est la peur, la croyance ou le tabou sexuel qui se cache derrière cela, en vous aidant de la méthode décrite à la fin de ce livret. Vous pourriez aussi vous asseoir ensemble et lui dire tout ce qui vous fait plaisir lorsque vous faites l'amour. Demandez-lui ensuite tout ce qui lui fait plaisir. Essayez tous les deux de mettre de l'eau dans votre vin en commençant à vous faire plaisir mutuellement. Vous pouvez y aller graduellement avec des choses plus faciles. Avoir de la difficulté à faire plaisir à l'autre peut aussi être signe que vous avez de la difficulté à vous faire plaisir. Pratiquez-vous à vous faire plaisir dans d'autres domaines de votre vie, ce qui influencera sûrement votre plaisir sexuel.

Le point G en sexualité est-il relié à un chakra ? Favorise-t-il le plaisir?

Le point G est en effet directement relié avec l'énergie sexuelle de base. Sa stimulation active et éveille l'énergie, favorisant le plaisir sexuel. J'ai pu constater que ce point est plus sensible chez les femmes qui s'abandonnent facilement et qui font l'amour pour le plaisir de le faire. Selon moi, ce point est relié aux premier et deuxième chakra Ces deux chakras sont difficiles à dissocier. Ils s'affectent mutuellement. Le premier chakra est associé à l'éveil du plaisir et c'est par le deuxième chakra que la personne peut ressentir l'orgasme.

Comment distinguer l'attirance sexuelle et le vrai compagnon de vie?

C'est seulement en vivant la relation et en expérimentant qu'on peut faire la distinction entre les deux. Pour qu'une personne devienne un compagnon de vie, il doit généralement y avoir une attirance sexuelle qui ne se ressent pas nécessairement dès le début. Certains seront d'abord de grands amis avant qu'il y ait une attirance sexuelle. Tandis que d'autres seront d'abord attirés sexuellement et deviendront plus tard un couple.

Faire l'amour est-il un besoin ou un désir?

L'acte sexuel en lui-même n'est pas un besoin vital, c'est-à-dire un besoin essentiel à la santé du corps humain. Physiquement, émotionnellement ou mentalement, un être humain peut vivre toute sa vie sans faire l'amour, sans avoir de relations sexuelles. L'acte sexuel répond plutôt à un besoin de rapprochement, de communication avec quelqu'un, un besoin d'exprimer ce que l'on vit ou un besoin de procréation. Ça répond également au désir d'éprouver des sensations physiques que l'acte sexuel procure.

Recommandez-vous le tantrisme?

La pratique du tantrisme permettrait d'atteindre de hauts degrés de spiritualité. Certains le pratiquent dans le but de sublimer l'énergie sexuelle et devenir des initiés. Les adeptes du taoïsme sont entre autres très friands de cette méthode qui viendrait d'aussi loin que de l'époque de la Limurie. Je suggère aux couples intéressés par cette pratique d'avoir déjà atteint une sexualité très harmonieuse pour commencer. Ensuite, s'ils veulent expérimenter le tantrisme, il faut y aller prudemment et graduellement. Le tantrisme mène à un orgasme de nature implosive plutôt qu'explosive. L'homme peut arriver à ce genre d'orgasme, mais comme l'énergie sexuelle est une énergie très puissante, une mauvaise utilisation de cette énergie peut causer un déséquilibre au niveau sexuel ainsi qu'au niveau de la personnalité.

Un psychologue m'a dit qu'il a été prouvé que ceux qui n'ont pas de vie sexuelle compensent dans autre chose. Est-ce vrai?

Ça peut être vrai pour la personne qui n'a pas de vie sexuelle et qui en désire une. Son manque va automatiquement la porter à compenser ailleurs. Par contre, une personne qui choisit de ne plus avoir de vie sexuelle parce qu'elle n'en ressent plus le besoin ne compensera pas automatiquement ailleurs. Je dois avouer que les personnes arrivées à ce stade sont très rares. On peut l'observer chez un couple vivant ensemble depuis de nombreuses années, où chacun choisit de ne plus avoir de vie sexuelle. Ils continuent toutefois à se démontrer beaucoup d'affection et de tendresse. Ils sont tous les deux très bien dans leur choix. Si, dans un couple, un des deux partenaires croit profondément qu'il n'a plus besoin de sexe et que l'autre en éprouve encore le besoin, c'est que le domaine de la sexualité n'a pas été vécu dans sa plénitude.

Lorsqu'une personne vit seule et qu'elle a déjà atteint sa plénitude sexuelle, il se peut qu'elle n'ait pas besoin de compenser ailleurs.

Étant séparée et vivant avec deux jeunes enfants, quelle attitude dois-je adopter lorsque j'ai des rapports sexuels avec d'autres hommes que leur père?

Il est important de toujours être vraie avec les enfants, sans nécessairement entrer dans les détails. De toute façon, quand la mère a une nouvelle relation, ils le savent et sentent qu'il s'agit d'autre chose qu'une simple amitié. Assurez-vous d'avoir une attitude d'acceptation et non de honte ou de culpabilité. Ce qui affecte surtout les enfants, c'est comment vous vous sentez. Vous pouvez tout simplement leur expliquer que vous avez rencontré un nouvel homme, que vous êtes attirée par lui et que vous vivez une belle relation ensemble. Une mère n'a pas de comptes à rendre à ses enfants. C'est votre vie.

L'acte sexuel ne provoque-t-il pas une perte d'énergie plutôt qu'une élévation au niveau des corps supérieurs ?

L'acte sexuel provoque une diminution d'énergie lorsque la personne fait l'amour dans le but d'obtenir des sensations physiques uniquement. Lorsque l'acte sexuel est fait par amour, dans le but de communier et communiquer avec une personne aimée, il énergise alors la personne et peut l'amener à des niveaux supérieurs.

J'ai une grande énergie sexuelle et sensuelle en moi. Comment faire pour éviter d'éveiller celle des personnes avec qui j'entre en relation?

Personne n'a vraiment le pouvoir d'éveiller quelque chose chez l'autre. Vous ne pouvez pas vous considérer comme responsable de l'éveil de l'autre personne. On peut contribuer à un éveil, mais la décision d'être éveillée revient à la personne elle-même. C'est à chacun de prendre sa responsabilité. Il faut par contre être conscient que si vous faites tout pour séduire quelqu'un, il risque d'y avoir des conséquences. Par contre, vous savez certainement que même si vous décidez de séduire quelqu'un et que l'autre personne décide de ne pas se laisser séduire, vos efforts n'auront aucun effet.

La personne qui se laisse séduire veut être séduite. La séduction est un jeu qui se joue à deux. Si votre intention n'est pas d'éveiller l'autre, bien que vous constatiez que l'énergie se dégageant de vous provoque une réaction chez l'autre, ce n'est pas votre responsabilité.

Quelle attitude adopter face à mon petit garçon de six ans qui cherche toujours à toucher mes organes sexuels, ceux de sa sœur de trois ans et parfois ceux de son père ? Nous trouvons tous cela agaçant.

Ce n'est pas parce qu'il est votre fils qu'il a le droit de vous toucher ou toucher les autres plus qu'une autre personne connue ou inconnue. Vous vous faites certainement arriver cette situation pour apprendre à être plus ferme. Avertissez sa petite sœur et votre mari d'être fermes également avec lui et de ne pas le laisser faire. Votre corps vous appartient, il fait partie de votre espace et c'est à vous de le faire respecter. Expliquez cela à votre petit garçon. Dites-lui qu'il n'a pas le droit de commencer à toucher aux gens sans qu'il en ait la permission. On n'a pas besoin de recourir à la violence ou de battre un enfant pour le corriger. L'enfant le sent quand le parent est décidé et clair dans ses demandes. Votre décision de ne plus vous laisser toucher doit être ferme. Dans le cas où l'enfant continue, malgré la plus grande fermeté, trouvez un moyen de lui faire comprendre par la loi de cause à effet. Prenez quelque chose qui lui appartient et qu'il aime beaucoup et faites-en ce que vous voulez. S'il vous dit : “ *Je n'aime pas cela. Je ne veux pas que tu touches à mes choses* ”, vous lui répondez : “ *Je m'excuse, je croyais que ça m'appartenait autant qu'à toi !* ” Ensuite arrivez à une entente que vous ne toucherez plus à ses choses s'il accepte de ne plus toucher à vos choses (incluant votre corps). C'est le moyen ultime lorsque aucun autre moyen ne semble fonctionner.

Afin de vivre une sexualité normale dans tous ses aspects, est-il nécessaire que nous ayons reçu étant enfant plein d'affection physique et émotive ?

Il ne faut pas mélanger affection et sexualité. Il est certain que l'enfant qui est comblé d'affection, qui vit au sein d'une famille où règnent l'équilibre et l'harmonie, a plus de chances de vivre une vie heureuse, saine et équilibrée au niveau sexuel et affectif plus tard. Au niveau sexuel, le plus important est de ne pas véhiculer de tabous et de non-dits. Il ne faut pas que la sexualité soit péché, mal ou sale. Elle doit plutôt être considérée comme naturelle. On met ainsi toutes les chances du côté de l'enfant pour que plus tard, il ait une sexualité normale et équilibrée.

Pourquoi dit-on que les femmes ont plus de problèmes sexuels?

Les femmes n'ont pas plus de problèmes sexuels que les hommes, c'est simplement qu'elles en parlent davantage. Elles ont des problèmes différents. Les problèmes chez la femme se situent surtout au niveau du désir, de la culpabilité et de l'initiative. Elles ont de la difficulté à se permettre d'avoir des désirs et d'oser être l'initiatrice de ces désirs. Chez l'homme, ils se situent surtout au niveau de la performance et du sentiment d'obligation de prouver sa virilité.

Que voulez-vous dire exactement lorsque vous mentionnez que faire l'amour n'est pas seulement physique, mais que ça implique les corps émotionnel et mental ? Vous dites aussi qu'on est imprégné de ces corps au moment de l'acte sexuel. Pouvez-vous expliquer davantage?

Lorsqu'on fait l'amour, on entre dans le champ d'énergie de l'autre personne. Ainsi, on fusionne, devenant par le fait même affecté et imprégné par ce qui se passe aux plans émotionnel et mental du partenaire. Si vous faites l'amour avec des personnes angoissées, remplies de peurs et qui se sentent mal, il y a de fortes chances pour que cela vous affecte. Ça affecte davantage les personnes qui se sentent responsables du bonheur des autres. Ça serait le cas de la femme qui se forcerait à faire l'amour avec son mari pour le rendre heureux, se croyant responsable de son bonheur. Cette femme est beaucoup plus susceptible d'être affectée par ce que l'autre vit aux plans émotionnel et mental. C'est pour cette raison qu'au niveau spirituel, il est enseigné de choisir ses partenaires. C'est une question de respect pour soi-même.

S'il y a une fusion totale de l'âme quand deux personnes s'aiment vraiment, est-ce qu'on prend aussi les peurs de l'autre ou ses attitudes négatives lorsqu'on fait l'amour?

On ne prend pas vraiment les peurs de l'autre mais celles-ci peuvent nous affecter si on a des peurs similaires et qu'on les laisse nous imprégner. C'est comme si, en se joignant à notre peur, la peur de l'autre accentue la nôtre. Ça lui donne plus d'importance. Tandis que lorsque vous faites l'amour vraiment par amour et qu'il y a une fusion totale, une communion intime, vous n'êtes plus dans vos peurs à ce moment-là. Par contre, si au moment de faire l'amour, un homme, par exemple, ressent des craintes, des peurs (même inconscientes) de perdre sa femme, celle-ci sera affectée par les peurs de son conjoint.

Pourriez-vous me donner des exemples, des idées ou des gestes à poser pour développer ma sensualité?

Comme la sensualité est reliée aux sens, on développe sa sensualité en développant tous ses sens. En prenant le temps de vous observer au quotidien, vous trouverez mille et une façons d'utiliser vos sens pour développer votre sensualité. Pour développer le sens de l'ouïe, réservez-vous quelques minutes pour ne rien faire d'autre qu'écouter. Vous pouvez le faire en prenant une marche, assis chez vous, n'importe où. Pour développer le goût, réservez-vous quelques minutes au repas pour vous concentrer sur le goût des différents aliments que vous ingérez. Pour développer le sens de la vue, choisissez un objet quelconque et prenez le temps de le regarder sous tous aspects : comment il est fait, de quoi il est composé, etc. Pour le sens du toucher, touchez-le en prenant conscience de ce que vous observez : les endroits les plus doux et les plus rugueux, la forme de l'objet, etc. Sentez-le pour développer votre odorat. Vous pouvez procéder de la même façon lorsque vous faites l'amour : regardez votre partenaire, son corps ; prenez le temps de le toucher, de sentir l'odeur de sa peau, etc. Vous pouvez également procéder de la même façon avec votre propre corps.

Lorsque nous faisons l'amour, ma compagne préfère la noirceur et moi je préfère une lumière tamisée. Pourquoi?

Ce genre de différences, que l'on doit apprendre à accepter, arrivent continuellement dans un couple. Elles sont reliées aux principes masculin et féminin. Ainsi, c'est parce que son principe féminin est plus développé qu'une personne aime faire l'amour à la lumière et avec de la musique, qu'elle est portée à faire des sons ou à parler en faisant l'amour. D'autres sont incapables de parler. Cela ne veut pas dire que l'un aime plus ou moins que l'autre. Ça indique la différence, c'est tout. Si vous et votre partenaire avez des goûts très différents, je vous suggère d'en parler et d'en venir à une entente. Essayez tous les deux d'élargir vos limites en faisant ce que l'autre préfère, à tour de rôle. Agir de la sorte vous aidera à développer le principe le moins utilisé en vous. Cela vous aidera également dans bien d'autres domaines.

Le principe masculin peut être plus prononcé chez la femme et le principe féminin peut l'être chez l'homme. Cela n'a rien à voir avec le sexe de la personne.

Depuis quelque temps, à chaque fois que j'ai un orgasme, je pleure. Est-ce normal ?

Pleurer suite à un orgasme est une réaction souvent causée par un “ trop plein ” émotionnel. des émotions qui ont été retenues. C'est d'ailleurs assez courant chez les femmes d'avoir de telles réactions, surtout chez les femmes du type rigide. Ces femmes se retiennent généralement de pleurer et de montrer leurs sentiments dans le quotidien. Lors de l'orgasme, qui est un relâchement complet des corps physique, émotionnel et mental, le " trop plein " déborde. Je vous conseille simplement de tout laisser aller avec cela et de ne pas vous retenir. Ça fait partie de ce que vous avez à vivre pour le moment.

Que pensez-vous de la sexualité orale, Est-ce que cette pratique peut déséquilibrer les corps subtils?

La sexualité orale devrait être utilisée comme préliminaire à l'acte sexuel : elle ne devrait pas le remplacer. Lorsqu'une personne utilise seulement ce moyen pour faire l'amour et qu'il n'y a pas de pénétration, c'est plutôt considéré comme une masturbation à deux. Il ne peut y avoir de réelle fusion avec l'autre.

J'aime ma femme, elle est belle, sensuelle et je la désire beaucoup. Mais lors de nos rapports sexuels, je perds mon érection dans l'espace de deux à trois minutes après la pénétration. Que puis-je faire pour régler cette situation?

Un problème comme le vôtre signifie généralement que vous vivez une relation mère-fils avec votre femme. Votre femme vous rappelle-t-elle beaucoup votre mère ? Agit-elle souvent comme une mère avec vous ? Vous n'avez apparemment pas réglé votre complexe d'Œdipe avec votre mère, n'ayant pas accepté l'idée qu'elle ne sera jamais votre conjointe. Même si un petit garçon désire sa mère, il sait au plus profond qu'il ne peut pas faire l'amour avec. Quand vous pénétrez votre compagne, c'est comme si vous faisiez l'amour avec votre mère. C'est assez pour perdre une érection. Je vous suggère d'en parler avec votre conjointe et de décider ensemble de ne plus jouer ce rôle de mère-fils. Entendez-vous sur un signal que vous utiliserez lorsqu'elle fera la " mère " avec vous. Par exemple, vous pourriez lui dire en riant : " *Ok maman* " pour qu'elle le réalise. De votre côté, arrêtez de l'encourager et de faire le petit garçon avec elle.

Comment se fait-il que lorsque mon conjoint s'avance pour faire l'amour, je gèle et que lorsque c'est moi qui prends les devants, c'est lui qui gèle?

Vous devez certainement être des personnes contrôlantes ce qui vous fait vivre une relation de dominé/dominant. Vous êtes du genre à vous sentir bien dans l'action, seulement lorsque c'est vous qui en prenez l'initiative, qui décidez en premier. C'est un trait caractéristique de la personne contrôlante. Elle a, en plus, beaucoup de difficulté à prendre un ordre et se laisser convaincre par quelqu'un d'autre. Vous semblez tenir à ce que faire l'amour soit votre idée. Tant que vous continuez à vivre ainsi, vous entretenez votre ego. Si vous voulez améliorer vos relations dans tous les domaines, vous devrez un jour arrêter d'être aussi méfiants tous les deux et sur vos gardes de peur d'être contrôlés par l'autre. Ce n'est pas parce qu'on adhère à l'idée de quelqu'un et qu'on s'abandonne à cette idée qu'on devient pour autant une personne soumise.

Mon mari voudrait que nous fassions des échanges de couple. Il dit que cela améliorerait notre vie de couple. Est-ce possible?

Avoir une relation sexuelle à l'extérieur du couple n'est pas le moyen pour améliorer sa vie de couple. Une vie de couple s'améliore par la communication et par l'expression de ce que chacun vit à l'intérieur de lui-même. Si vous comblez bien vos besoins à l'intérieur du couple, il n'est pas nécessaire d'aller à l'extérieur.

À quel âge les adolescents sont-ils prêts à vivre leur sexualité ? Le garçon comme la fille devraient-ils avoir un examen médical avant de commencer à avoir des relations sexuelles ? Que pensez-vous de la contraception à cet âge?

Tout cela est très relatif. Certains adolescents à 12 ans sont aussi matures que des personnes de 25-30 ans, alors que d'autres font tout juste leur 12 ans. Les enfants d'aujourd'hui sont quand même beaucoup plus rapides et précoces que les générations précédentes. On doit traiter chaque adolescent individuellement selon sa personnalité et sa maturité. Le mieux est d'en parler avec lui et de vérifier comment il se sent au niveau de sa vie sexuelle. S'il se sent prêt, est-il conscient des conséquences à faire l'amour avec n'importe qui ? Je vous suggère de bien lui expliquer que l'acte sexuel est en réalité un symbole de fusion, de communication et de communion avec la personne qu'on aime. Que ce soit un garçon ou une fille, apprenez-lui à se respecter dans son choix de partenaire. Informez l'adolescent(e) des implications aux niveaux émotionnel et mental lorsqu'on fait l'amour avec quelqu'un. Il faut ensuite espérer qu'il vivra bien sa sexualité. Les parents ne sont, en réalité que des guides donnant les meilleurs conseils possibles. Les décisions appartiennent à l'enfant. Aucun parent ne peut contrôler son enfant, que ce soit au niveau de sa vie sexuelle ou à un autre niveau.

Vous nous dites qu'il est mieux de faire l'amour par amour. D'un autre côté, vous dites que la personne qui ne veut plus faire l'amour alors que son partenaire continue à éprouver le désir devrait lui permettre de le satisfaire avec quelqu'un d'autre. Dans de telles circonstances, on ne fait plus l'amour par amour. Comment concilier ces deux idées qui me paraissent contradictoires?

C'est vrai, satisfaire ses désirs sexuels avec quelqu'un d'autre n'est pas motivé par l'amour. Mais c'est un peu comme la masturbation : c'est tout simplement une solution pour soulager un désir physique. Utiliser le sexe juste pour se soulager physiquement n'est pas idéal mais certaines personnes ayant un " trop plein " d'énergie sexuelle en ont besoin. C'est un peu comme une personne qui s'est longtemps retenue de pleurer. Le trop plein est soulagé lorsqu'elle se laisse aller. C'est le choix de la personne qui décide d'aller ailleurs. Elle doit, par contre, être consciente des conséquences de son choix et être prête à les assumer.

Mon conjoint ne peut pas me satisfaire sexuellement à cause de son éjaculation précoce. Je lui ai demandé de suivre une thérapie mais il refuse de se faire aider. Je me sens très frustrée dans cette situation. Que puis-je faire?

Tout d'abord, sachez qu'on ne peut jamais obliger quelqu'un à faire quoi que ce soit pour nous faire plaisir. Vous ne pouvez pas le forcer à suivre une thérapie. Par contre, vous avez le droit d'avoir des limites et de prendre des décisions en conséquence dans votre vie. Il est important de lui en faire part et de lui dire jusqu'où vous êtes prête à aller. Il s'agit de votre vie. Aucune personne n'est obligée d'endurer des situations qui dépassent ses limites. Reconnaître vos limites et vous donner le droit d'en avoir, c'est de l'amour de soi. Par contre, le fait de vivre ce genre de problème démontre que quelque chose en vous l'a attiré. Comme vous savez, rien n'est laissé au hasard. Pour aller plus loin et découvrir la croyance à la base de cette situation, je vous suggère de suivre la méthode de décodage des croyances expliquée à la fin de ce livret.

Les fantasmes de mon conjoint m'agacent parfois. Il veut que je me fasse belle, que je m'habille comme pour une grande soirée ; cela l'excite. Je n'en ai pas toujours envie parce que parfois, je ne fais pas le bon choix dans mes vêtements pour le séduire. Ça me décourage et ça coupe mon désir. Suis-je obligée de répondre à ses fantasmes?

Les personnes qui ont des fantasmes sont souvent des personnes qui ont trop idéalisé la relation sexuelle et qui ne vivent pas assez le moment présent. Elles sont constamment obligées de s'imaginer plein de choses pour arriver à éveiller leur désir sexuel. Si votre mari n'est pas capable d'éveiller ses désirs autrement, cela lui appartient. Si vous vous sentez bien là-dedans tous les deux, il n'y a pas de mal à jouer ce jeu. Par contre, vous n'y êtes pas obligée. J'ai dit et je redis : personne n'est obligé de faire quoi que ce soit pour faire plaisir à l'autre. Si vous voulez lui faire plaisir, faites-le par amour pour l'autre. Sachez que lorsque vous faites plaisir pour la joie de faire plaisir, dans un esprit de don sans attentes, ça vous revient toujours. Donner par obligation ou par devoir devient plutôt de la soumission, ce qui crée de la colère intérieure. Si vous ne voulez plus jouer son jeu, vous devez vous affirmer et l'informer du changement. Vous pouvez lui dire : " *Trouve-toi un fantasme qui n'exige pas ma participation parce que je ne me sens plus apte à le faire.* " De son côté, votre mari peut toujours trouver de l'aide pour découvrir les raisons pour lesquelles il a besoin ces fantasmes pour s'exciter.

Au moment où je suis devenue veuve, il y a 12 ans, j'ai refoulé toute ma sensualité et coupé ma sexualité consciemment. J'avais peur qu'on pense que je voudrais voler le mari des autres. Maintenant, je ne suis plus d'accord avec ma décision. Par quoi dois-je commencer pour retrouver ma sensualité et une vie sexuelle normale?

Je vous suggère de commencer par des changements au niveau physique. Reprenez contact avec votre sensualité en vous habillant différemment, de façon à ce que vous vous aimiez en vous regardant dans le miroir. Mentalement, je vous suggère de travailler sur le fait que vous croyez qu'une femme, lorsqu'elle devient veuve, risque de voler le mari des autres. Pour vous aider à trouver ce qui se cache dans cette croyance, vous pouvez vous référer à la fin de ce livret et utiliser la méthode de décodage expliquée à cet effet.

J'aimerais avoir votre opinion sur les gens qui choisissent de ne pas vivre de vie sexuelle, comme les prêtres, les religieuses par exemple. Qu'advient-il de leur créativité si, comme vous le dites, la sexualité est le symbole de la créativité?

Je ne dis pas que la sexualité crée la créativité. Ce que je veux dire, c'est que la même énergie (l'énergie sexuelle) est utilisée autant pour la sexualité que pour la créativité. On parle alors d'énergie et non d'action physique. Certaines personnes créent tellement dans leur vie qu'elles semblent ne pas avoir besoin de vie sexuelle, étant donné que leur énergie est complètement sublimée. Ceux qui abusent de la sexualité, surtout ceux qui en sont obsédés, peuvent ne plus avoir d'énergie pour créer leur vie telle qu'ils la veulent. Par contre, d'autres ont une énergie tellement forte qu'ils sont capables d'avoir à la fois une vie sexuelle très active et une capacité créative soutenue. Les personnes comme les prêtres et les religieuses qui n'ont pas de vie sexuelle et qui n'utilisent pas leur créativité se retrouvent en général avec des problèmes physiques au niveau des organes génitaux.

Depuis que je sais que mon mari m'a trompée, j'ai plus souvent envie de faire l'amour avec lui mais lui n'a plus de désir envers moi. Il me semble que ça devrait être le contraire. Pouvez-vous m'expliquer ce qui m'arrive ?

En apprenant cette nouvelle, vous vous êtes peut-être sentie vraiment coupable, vous accusant de ne pas avoir été assez amoureuse, assez sensuelle ou “ sexy ” avec votre mari. Vous croyez qu'il vous a trompée pour ces raisons. Il se peut aussi que vous ayez pris la décision qu'à l'avenir, vous feriez tellement souvent l'amour avec lui qu'il n'aurait plus raison d'aller ailleurs. C'est une façon pour vous de le retenir et d'éviter que cela se reproduise. Si vous sentez que c'est ce qui se passe en vous, il est important de vous pardonner et de ne plus penser que vous êtes la cause de la décision de votre mari. Ce dernier est entièrement responsable de sa décision ainsi que des conséquences à assumer. Pour votre part, vous êtes responsable de votre réaction suite à la décision de votre mari.

Que pensez-vous de l'idée de permettre à nos jeunes adolescents de faire l'amour dans notre propre maison? Je ne suis pas à l'aise avec cette situation.

Il y a plusieurs éléments à considérer dans cette situation. D'abord, il faut vous donner le droit d'avoir de la difficulté à accepter cette situation. Puis, regardez ce qui vous dérange et partagez-le avec votre enfant. Est-ce que vous croyez que c'est mal ? Avez-vous peur que la maison devienne un hôtel et que votre adolescent amène " une personne après l'autre " chez vous pour faire l'amour ? Parfois, ce n'est pas le fait de faire l'amour qui dérange les parents mais ce va-et-vient constant de toutes sortes de personnes dans la maison, qui affecte l'intimité de la famille. C'est votre maison et vous avez le droit d'y établir les règles que vous voulez, mais il est important de réaliser qu'en réalité, la chambre de l'adolescent est son seul espace privé. Peut-être pourriez-vous convenir d'une entente où il s'engagerait à se limiter à sa chambre et à être très discret. Trouvez une entente où tout le monde se sentira gagnant.

Je suis un homme de 66 ans. Est-il normal à mon âge d'avoir de la difficulté à avoir une érection et une éjaculation ? Est-ce qu'il y a une possibilité d'y remédier?

En ce qui concerne ce qui est normal ou pas, cela est très relatif. Il n'y a pas d'âge pour avoir une vie sexuelle " normale ". Il y des gens âgés qui ont une vie sexuelle encore active. La première chose à considérer est la suivante : voulez-vous continuer votre vie sexuelle juste pour prouver quelque chose. Plusieurs hommes croient que pour être un vrai homme, ils doivent être virils. Pourtant, être un homme et être capable d'avoir une érection sont deux choses complètement différentes. Si c'est ce que vous voulez prouver, sachez que votre motivation n'est pas la bonne. Si, toutefois, vous voulez faire l'amour pour le plaisir de faire l'amour et que ce problème vous en empêche, c'est qu'une croyance en vous vous en empêche. Pour corriger cela, je vous suggère de suivre la méthode à la fin de ce livret qui vous aidera à trouver la croyance et la peur qui vous empêchent d'avoir de bonnes relations sexuelles.

Comment expliquer qu'un homme ressente de la douleur lors de l'éjaculation plutôt que le plaisir habituel relié à l'orgasme?

Cet homme a sûrement de la difficulté à se faire plaisir au quotidien. Quand on a de la douleur, c'est souvent parce qu'on se sent coupable de quelque chose et on cherche à se punir. C'est peut-être son cas. Cet homme devrait regarder quelles sont ses culpabilités dans le domaine de la sexualité. De quoi s'accuse-t-il et pourquoi a-t-il de la difficulté à se faire plaisir ? Pour aller plus loin, je lui suggère de suivre la méthode de décodage expliquée à la fin de ce livret. Cela devrait l'aider à trouver la croyance et la peur à la base de son problème.

Vous dites que l'acte sexuel est un don de soi. Pourquoi est-ce toujours la femme qui fait ce don d'elle-même?

Je ne sais pas qui vous a dit que seule la femme doit faire un don d'elle-même. Il est évident que dans un couple, le don doit venir de part et d'autre. L'homme se donne à la femme et la femme se donne à l'homme. Les deux vivent du bonheur à faire plaisir à l'autre ; les deux s'abandonnent l'un à l'autre. Voilà une relation sexuelle idéale, équilibrée et harmonieuse.

J'ai tendance à comparer mon couple à d'autres couples, surtout lorsque je les entends parler de leurs exploits sexuels et de la fréquence à laquelle ils font l'amour. Je me demande si mon épouse et moi avons une relation normale. Qu'en pensez-vous?

Ce qui compte c'est que vous soyez tous les deux satisfaits de votre vie sexuelle. Ce que les autres font ou ne font pas n'est pas important. De plus, disent-ils toujours la vérité ? Pourquoi se vantent-ils autant de leurs exploits ? L'important, c'est la façon dont vous vous sentez ensemble, la façon dont vous vivez votre relation. Est-ce que votre épouse vit les mêmes sentiments que vous lorsque les autres parlent de leurs exploits ? Il serait important d'avoir une bonne conversation tous les deux pour partager comment vous vous sentez à ce sujet.

Est-il normal de partir dans l'astral quand on fait l'amour? Que puis-je faire quand je me retrouve dans cette situation?

Il est normal de partir dans l'astral lorsque vous êtes très fatigué et que votre corps a besoin de sommeil. Si ce n'est pas le cas, le fait de partir en astral vous empêche d'être dans votre moment présent, d'être vraiment présent à ce qui se passe à ce moment-là. Cherchez-vous à fuir de cette façon ? Y a-t-il quelque chose que vous n'aimez pas quand vous faites l'amour ? Lorsque vous vous sentirez partir, que vous sentirez votre corps astral se détacher, je vous suggère d'utiliser votre volonté afin de rester dans le moment présent. Dites à votre corps avec fermeté : " *Non, reste ici ! Dans le moment, je veux être présent à ce qui se passe en faisant l'amour.* "

J'ai allaité mes deux enfants pendant un an chacun et depuis, je ne peux plus tolérer d'être touchée aux seins pendant que je fais l'amour. Comment expliquer cela?

Votre côté maternel semble être très prononcé et il est fort probable que même si vous avez fini d'allaiter vos enfants, vos seins leur appartiennent toujours. Il est important de vous les réapproprier, c'est à vous qu'ils appartiennent et non à vos enfants. Il est fréquent pour une femme de mélanger ainsi son rôle de mère et de femme. Pour entretenir une relation de couple harmonieuse, il est essentiel que la nouvelle mère n'oublie pas la femme en elle. Il est important de continuer à être en contact avec cette partie de vous et, dans votre cas, de réapprendre à utiliser vos seins comme source de plaisir lorsque vous faites l'amour. C'est vous qui devez prendre la décision.

J'ai une excellente relation avec mon ami dans tous les domaines sauf au niveau de la sexualité. De ce côté-là, il vient chercher ce dont il a besoin et m'abandonne ensuite à moi-même sans se soucier que j'aie eu du plaisir ou non, que j'aie joui ou non. Lorsque je lui en parle, il me répond que j'ai trop d'attentes. N'est-il pas normal de vouloir jouir quand on fait l'amour?

Vous avez raison de faire vos demandes, mais sont-elles vraiment claires ? Vous affirmez-vous en faisant ces demandes ? Il serait important de vraiment décider ce que vous voulez et d'avoir une bonne conversation avec lui. À tour de rôle, dites ce que vous aimez et n'aimez pas dans votre façon de faire l'amour. Vous arriverez sûrement à une entente où les deux seront gagnants. De plus, comme votre ami ne se soucie pas de votre plaisir en faisant l'amour, se pourrait-il que vous ne vous souciez pas du sien dans un autre domaine ? Je vous suggère de vérifier avec lui. Dans un couple, les deux s'accusent généralement de la même chose. Vous n'êtes pas ensemble pour rien. Si vous voulez découvrir pourquoi vous vous attirez quelqu'un d'incompatible au niveau de la sexualité, je vous suggère de suivre la méthode de décodage à la fin de ce livret. Cela vous aidera à découvrir la peur qui vous empêche d'avoir tout le plaisir voulu au niveau sexuel.

Pourquoi les hommes aiment-ils faire l'amour toujours de la même façon, toujours dans les mêmes positions ? Est-ce trop demander que de vouloir essayer quelque chose de nouveau?

Les hommes qui sont ainsi croient sincèrement que lorsqu'ils ont découvert une bonne méthode pour jouir ou faire jouir la femme, donc de bien performer, ils ne doivent pas changer la recette ! Ils sont portés à vouloir garder les même positions. Réagir de cette façon est propre au principe masculin. Il est important pour la femme de guider l'homme et de lui faire savoir exactement ce qu'elle aime et ce qu'elle veut essayer, tout en le rassurant à l'effet que si ça ne fonctionne pas ou ne donne rien, de ne pas s'inquiéter. Cela n'aura rien à voir avec lui mais avec la nouveauté de l'expérience. C'est propre au principe féminin de vouloir essayer des choses nouvelles et d'être davantage ouvert au changement. Il est aussi difficile pour l'homme d'essayer du nouveau qu'il est difficile pour la femme de toujours faire la même chose. Il est donc important d'accepter ces différences et d'aller graduellement vers le changement.

Est-il vrai qu'une bonne sexualité peut sauver un couple en difficulté?

La sexualité est un moyen de communication important pour le couple mais elle ne peut pas sauver le couple à elle seule. Pour un couple vivant des difficultés réelles et voulant traverser et régler ces difficultés, la communication par la parole est préférable à la communication par la sexualité.

Mon conjoint arrive toujours à me convaincre de changer d'idée pour faire l'amour alors que je ne veux pas, au départ. Pourquoi est-il ainsi?

Il est ainsi parce qu'il s'aperçoit que ça donne de bons résultats ! Je suppose que vous ne vous sentez pas bien dans cette situation, sinon vous ne poseriez pas cette question. C'est donc à vous de vous affirmer. Si vous vous attirez un tel conjoint, c'est sûrement pour vous donner l'occasion d'apprendre à vous affirmer, à exprimer vos besoins et à vous respecter. D'un autre côté, seriez-vous manipulatrice, vous aussi, dans d'autres domaines ? Parvenez-vous à le convaincre de faire des choses qui vous plaisent particulièrement ? Les deux partenaires dans un couple sont souvent pareils, mais dans des domaines différents. C'est ainsi que vous apprenez à vous connaître mieux.

Mon mari ne veut plus faire l'amour avec moi. Il dit que c'est à cause de mes quelques kilos en trop. Il préfère aller voir les danseuses nues. Pensez-vous que c'est la vraie raison de son refus de faire l'amour avec moi?

Il est fort probable qu'il y ait une autre raison plus profonde, peut-être même inconsciente. Pour découvrir pourquoi vous vous attirez cette situation, prenez le temps de noter les reproches faits à votre mari. Prenez conscience ensuite du fait qu'il vous accuse probablement des mêmes choses, mais pas nécessairement dans le domaine de la sexualité. Lorsque vous aurez fait ce travail intérieur, il est important de communiquer avec lui, de lui exprimer ce que vous éprouvez face au genre de vie sexuelle que vous vivez dans le moment. Dites-lui de quoi vous l'accusez et demandez-lui s'il vous accuse de ces mêmes choses dans un autre domaine. Cela pourrait vous aider à mieux vous comprendre et vous entendre. Juste le fait d'en parler aide généralement à clarifier la situation, à vous donner l'heure juste, c'est-à-dire à vérifier où vous en êtes tous les deux dans votre couple. Il sera ensuite plus facile de décider si vous voulez continuer à vivre ensemble ou non, si vous seriez plus heureux en vivant chacun de votre côté. Ce sont des décisions qu'on doit prendre un jour ou l'autre. On ne peut continuer indéfiniment à " faire l'autruche ", à prétendre que tout va bien et continuer à endurer en vivant des émotions pénibles. Il est beaucoup mieux de faire face à la situation afin de donner une direction à votre vie.

Est-il malsain pour un couple qui vit ensemble depuis 25 ans d'avoir recours à des préparatifs, comme regarder un film pornographique avant de faire l'amour?

Ce n'est pas ce qu'on fait ou ne fait pas qui est malsain, c'est toujours notre attitude intérieure face à nos actions. Si vous vous sentez tous les deux parfaitement bien dans ce que vous faites, si ça vous fait plaisir et que ça éveille votre désir sans aucune culpabilité, pourquoi pas ? C'est votre vie, c'est votre choix. Par contre, si cela engendre de la culpabilité ou de la honte, c'est différent. Vous devrez vous occuper de ces émotions car elles sont malsaines.

Depuis que je suis toute jeune, je sens un manque au plan affectif. Est-ce que cela peut affecter la sexualité dans mon couple?

Il est inévitable que toute personne en carence affective ressente les effets sur sa sexualité. La personne en carence affective a généralement souffert d'un manque d'attention, de soins et de présence de la part de ses parents quand elle était jeune. Ça arrive aussi chez ceux qui ont eu beaucoup d'attention, mais pas de la façon dont ils espéraient.

Ils n'en avaient pas encore assez à leur goût. Toutes ces personnes en viennent à confondre le fait d'être désirées et celui d'être aimées. Elles ont tendance à mélanger l'affection et la tendresse avec le sexe. C'est pourquoi elles ont de la difficulté à simplement donner des marques d'affection et de tendresse sans terminer par l'acte sexuel. Ces personnes vont souvent utiliser la séduction pour éveiller le désir de l'autre. En ressentant le désir de l'autre pour elles, elles se sentent aimées. Elles font l'amour surtout par peur de ne pas être aimées, pour se rapprocher de l'autre, pour aller chercher l'attention ou la présence qui leur manque. Elles ne le font pas pour faire un don d'elles-mêmes ou pour le plaisir de faire l'amour. Elles le font surtout par peur de continuer à manquer d'affection. On sait que lorsqu'on agit par peur, l'objet même de cette peur finit par se manifester. C'est à ce moment qu'arrive un manque de désir d'un des partenaires, ce qui a pour effet de continuer à entretenir la carence affective de la personne concernée. Il est très important de réaliser que personne au monde ne peut combler notre carence affective. C'est à chacun de le faire en apprenant à s'aimer, à s'estimer, en se créant une meilleure image de soi. Il faut également arrêter d'accuser nos parents de ne pas nous avoir donné suffisamment d'attention ou l'attention que nous souhaitions ; il faut accepter l'idée qu'ils ont fait leur possible.

Vous dites qu'aimer, c'est prendre plaisir à rendre l'autre heureux. Comment réagir si, pour rendre mon conjoint heureux, il faudrait que j'accepte qu'il vive une relation sexuelle avec une autre personne tout en continuant à vivre à la maison?

Quand je dis qu'on doit avoir du plaisir à rendre l'autre heureux, ça ne veut pas dire qu'on doit le laisser faire n'importe quoi. Si votre conjoint vous dit par exemple que pour être heureux, il a besoin de vous battre, le laisseriez-vous faire ? Ce que je vous suggère, c'est d'arriver à être heureuse du bonheur de l'autre, de ne pas envier son bonheur, d'être heureuse lorsque l'autre a un projet, etc. Par contre, il faut savoir prendre vos limites en considération. Tous les humains en ont et vous devez respecter les vôtres. Lorsque vous ne pouvez pas faire face à certaines situations, donnez-vous le droit de ne pas être capable de le faire, respectez-vous et faites part de vos limites à votre mari. Cela ne veut pas dire d'exiger qu'il arrête de voir l'autre personne pour vous rendre heureuse. Si votre mari ne veut pas cesser de voir l'autre, c'est vous qui devez décider si vous voulez continuer de vivre dans la même maison que lui pendant qu'il entretient une autre relation. C'est à vous de décider si vous voulez ou non mettre fin à cette relation.

Est-ce une excuse de ne pas vouloir faire l'amour lorsque je suis menstruée? Est-ce normal de manquer de désir pendant cette période?

Chacun doit définir pour lui-même ce qui est normal et ce qui ne l'est pas. La normalité est établie selon les normes des gens et ça demeure toujours très relatif et subjectif. La majorité des femmes préfèrent s'abstenir de faire l'amour durant la menstruation. Selon moi, c'est lié à l'état dans lequel la femme se trouve pendant la menstruation. Ce moment étant celui où un ovule meurt pendant qu'un autre se prépare à être fécondé, est un mouvement de mort et de renaissance. C'est un temps où la femme a un besoin plus grand de s'intérioriser. Au temps des Amérindiens d'autrefois, on disait que le temps des menstruations était un temps sacré. Ils reconnaissaient que les énergies créatrices qui donnent naissance à un enfant étaient libérées pour s'exprimer sous une autre forme. La femme amérindienne ne faisait absolument rien durant cette période. Ce temps était réservé à l'intériorisation, au calme et à l'accueil des énergies nouvelles qui renaissaient en elle.

À quoi ressemble une vie sexuelle harmonieuse selon vous?

Dans une vie sexuelle harmonieuse, les deux partenaires se désirent tout en étant capables de se passer de l'acte sexuel. Ils sont très conscients et sensibles aux besoins de l'autre. Ils savent et le ressentent, sans se parler, lorsque l'autre a envie de faire l'amour. Lorsqu'un partenaire en a envie mais pas l'autre, ça ne les dérange pas. Ils sont capables de s'attendre sans être frustrés. Il n'y a pas de sentiment de manque, de culpabilité ou de peur. Ni l'un, ni l'autre n'éprouve le besoin de manipuler l'autre. De plus, une vie sexuelle harmonieuse n'a rien à voir avec la fréquence de l'acte. Que ce soit plusieurs fois par semaine ou quelques fois par année, tout dépend de comment c'est vécu à l'intérieur de chacun et de la communication entre les deux personnes.

J'ai honte de ne pas avoir assez confiance en mon conjoint pour le laisser garder une relation amicale avec son ancienne compagne. Que puis-je faire?

La première étape et la plus importante est de vous donner le droit d'être jalouse et de ne pas être capable de faire confiance à votre conjoint. Pour l'instant, ce sont vos limites. C'est tout à fait humain d'avoir des limites et de ne pas toujours être capable de faire tout ce qu'on voudrait arriver à faire. Je suis certaine qu'une partie en vous dit que vous devriez faire confiance et une autre dit que vous devriez avoir honte de ne pas y arriver. Vous vivez un stress intérieur à cause de ces deux parties qui s'opposent. Pour vous en sortir, après vous être donnée le droit d'être ainsi, exprimez-le à votre conjoint en lui disant quelque chose comme : “ *Je sais que je ne peux pas t'attacher et que tu ne m'appartiens pas, mais je veux seulement te dire qu'il y a encore une partie jalouse en moi qui a peur de te laisser entretenir cette relation amicale avec ton ancienne compagne.* ” Sans pour autant vouloir le contrôler, vous pouvez lui demander s'il est en mesure de vous donner un coup de main en voyant son ancienne compagne moins souvent, ou en vous racontant ce qui se passe lors de leurs rencontres. Il se peut aussi que vous préfériez lui demander de ne pas vous le dire quand ils se voient. Essayez d'arriver ensemble à une entente avec laquelle vous vous sentirez bien tous les deux. Souvenez-vous toutefois que ce n'est pas parce que vous vivez de la jalousie que cela vous donne le droit de contrôler votre conjoint.

Partie 2: Le désir sexuel

Lorsque mon ami ne me désire pas sexuellement, pourquoi est-ce que je ressens ce vide immense qui me rend inactive et perdue ? Est-ce mon ego ?

Je dirais que c'est plutôt votre manque d'amour envers vous-même qui fait que vous avez autant besoin de vous sentir désirée sexuellement. Moins une personne s'aime, plus elle cherche à être aimée. Vous croyez qu'être désirée sexuellement est une marque d'amour envers vous. Le fait de faire l'amour n'a rien à voir avec l'amour véritable. L'acte sexuel est un moyen de communication parmi d'autres. Certaines personnes, lorsque confrontées à un vide, le remplissent avec de la nourriture ; dans votre cas, ça semble être avec du sexe. C'est malheureux parce que vous vous y prenez de la mauvaise façon. Vous devez plutôt vous remplir avec l'estime de vous-même en commençant, par exemple, à vous faire plus de compliments et en reconnaissant l'être extraordinaire que vous êtes. Cessez d'attendre que ce sentiment merveilleux provienne seulement de l'acte sexuel avec votre partenaire.

Mon corps dit oui à la sexualité mais ma tête me dit : " Non, ce n'est pas pour toi, tu es incapable. " Que se passe-t-il ? Quels conseils pouvez-vous me donner pour gérer cette situation ?

Il semble y avoir une partie en vous très forte qui ne veut pas que vous viviez bien votre sexualité. C'est ce que j'appelle une croyance. Une partie en vous croit que vous êtes incapable de faire l'amour ou d'avoir des désirs sexuels. En général, notre façon de penser au niveau de la sexualité est souvent semblable à celle du parent du même sexe. Il faut que vous découvriez quelle peur se cache derrière cette façon de penser, quelle peur qui continue à entretenir votre croyance. Lorsqu'une partie en nous nous empêche de faire quelque chose, c'est que cette partie a peur pour vous ; elle a peur qu'il vous arrive quelque chose de désagréable. Je vous suggère de faire les étapes suggérées à la fin de ce livret pour découvrir la croyance et la peur qui sont en vous. Suivez ensuite les instructions pour savoir quoi faire une fois que vous avez découvert votre croyance.

Comment faut-il que j'agisse avec mon mari. Je n'ai plus de rapports sexuels avec lui depuis quatre ans. Avant cela, c'était une fois par trimestre.

L'acte sexuel est, en général, le reflet de la capacité de communiquer du couple. Le fait que vous n'ayez pas eu de rapports sexuels depuis quatre ans et que vous ne semblez pas savoir comment réagir démontre un manque flagrant de communication entre votre mari et vous. Commencez par vérifier comment vous vous sentez de part et d'autre. De quoi votre mari a-t-il peur ? Quelles sont ses intentions ? A-t-il l'intention de passer le reste de sa vie avec vous en continuant ainsi ? Est-il impuissant et ne veut pas vous en parler ? A-t-il quelqu'un d'autre dans sa vie ? Il peut y avoir mille et une raisons pour lesquelles il ne veut plus faire l'amour avec vous. L'important pour vous est de trouver la raison et si vous en êtes incapable, de trouver le pourquoi de votre peur. Vous savez, deux personnes dans un couple s'attirent parce qu'elles ont généralement les mêmes croyances et les mêmes peurs à régler, même si ces peurs s'expriment de façons différentes. C'est pour cette raison que je vous incite à découvrir les peurs que vous vivez dans cette situation, surtout celles qui vous empêchent d'être vraie et de faire vos demandes. Lorsque vous les aurez découvertes, vous aurez une meilleure idée des peurs qu'il pourrait aussi avoir. Ensuite, parlez-en à votre mari et demandez-lui s'il lui arrive aussi d'avoir ce genre de peur. Pour vous aider à aller plus loin et comprendre ce qui se cache derrière le fait que vous vous êtes attirée ce genre de mari, je vous suggère d'utiliser la technique expliquée à la fin de ce livret pour découvrir la croyance qui a créé cette situation.

Quand une personne a envie de faire l'amour et l'autre non, quoi faire ? Se faire plaisir ou écouter l'autre ? Si je décide de ne pas me forcer, comment faire plaisir à l'autre ?

Je vous avoue que cette question est celle qui revient le plus souvent au niveau des relations sexuelles.

Vous semblez être celle des deux qui a le moins souvent envie de faire l'amour. Votre conjoint vit probablement une situation similaire dans la relation, mais dans un autre domaine. Que ce soit au niveau des travaux de la maison, au niveau de l'argent, de l'éducation des enfants ou autre, il lui arrive probablement à lui aussi de ne pas avoir envie de s'impliquer. Il se pose peut-être les mêmes questions que vous : " Devrais-je me faire plaisir (et ne pas m'impliquer) ou lui faire plaisir ? " C'est généralement ce qui se passe dans un couple.

Je vous suggère de devenir consciente des moments où il vous arrive de ne pas avoir envie de faire l'amour. Si vous décidez de vous écouter et ne pas le faire, rappelez-vous que votre conjoint aussi peut s'écouter dans d'autres domaines. Le mieux est d'avoir une bonne discussion à ce sujet avec votre conjoint et de ne pas oublier de partager ce que vous ressentez sans vous accuser l'un, l'autre.

Vous pouvez décider, par exemple, de faire plaisir à l'autre une fois sur deux. Vous ne le faites pas de façon soumise mais plutôt dans l'idée de faire plaisir à l'autre. Vous remarquerez que le vrai don de soi est contagieux et pourrait entraîner dans votre couple une réaction en chaîne qui risque d'être fort agréable !

Le problème de la frigidité renvoie-t-il à des émotions non réglées ?

La frigidité est le terme médical employé pour indiquer l'absence de plaisir chez la femme lors des rapports sexuels. La femme qui souffre de frigidité est celle qui a décidé, dès son jeune âge, de se couper du plaisir, non seulement sexuel mais de tous genres de plaisir. Cela se produit généralement chez une personne de caractère rigide qui cherche à se couper de ce qu'elle ressent. Elle a une peur inconsciente d'être une personne chaleureuse et par conséquent, elle se contrôle. Par contre, cette personne a autant besoin d'une vie sexuelle normale, et peut-être encore plus que la plupart des femmes. Le grand contrôle qu'elle exerce au niveau sexuel l'amènera éventuellement à perdre le contrôle dans un autre domaine.

Si vous souffrez de frigidité, vous croyez probablement que le plaisir est synonyme de péché, de mal et que ce n'est pas correct. Cette croyance doit être très forte pour que vous en arriviez à vous contrôler ainsi. Il est important de réaliser que chaque être humain a des limites et que lorsque vous atteindrez les vôtres, vous perdrez le contrôle soit dans le sexe, soit dans autre chose: l'alcool, la nourriture, les larmes, les crises incontrôlées, des tremblements, etc. Le fait de ne pas éprouver de plaisir sexuel vous punit davantage que votre partenaire. Permettez-vous de devenir la personne chaleureuse que votre cœur désire. Vous êtes comme une bombe qui attend pour exploser. En vous donnant le droit de ressentir du plaisir, ce sera une renaissance pour vous, une nouvelle vie.

Pouvez-vous m'expliquer pourquoi je n'ai plus envie de faire l'amour avec mon conjoint depuis la naissance de notre fille ?

Ce phénomène se produit habituellement chez les femmes qui croient qu'être une femme, c'est être une mère ; aussitôt que la femme devient mère, elle oublie alors la femme en elle. Le rôle de mère prend le dessus et prédomine. Vous devez vous souvenir qu'être femme et être mère sont deux rôles différents chez la femme et il est très important pour vous et pour votre paix intérieure de ne pas ignorer la femme en vous. Votre bébé ne doit pas prendre toute la place et ne doit pas vous empêcher d'être une femme. Je vous suggère de vérifier, avec votre conjoint de préférence, combien de temps par jour vous vous dévouez à votre rôle de mère et à celui de femme. L'un ne doit pas l'emporter sur l'autre. Il est vrai qu'une femme a plusieurs rôles mais elle doit arriver à équilibrer ces rôles pour demeurer en harmonie avec elle-même.

Comment peut-on faire rejaillir le désir sexuel?

Le désir sexuel est à l'image du désir de créer sa vie telle qu'on la veut. Si vous manquez présentement de désir sexuel, regardez ce qui se passe dans votre monde physique. Se pourrait-il que vous vous forciez trop dans la vie à faire des choses allant contre vos vrais désirs ? Agissez-vous par sens du devoir, pour répondre aux attentes des autres ou essayez-vous de prouver quelque chose aux autres ? Cette panne de désir a un lien avec votre capacité de créer votre vie et c'est dans cette direction que vous devez regarder. Votre monde physique est tout simplement le reflet de ce qui se passe à l'intérieur de vous.

La sexualité est le moyen qui vous permet de créer un enfant. Elle est aussi le reflet de votre capacité de vous donner du plaisir. Savez-vous vous faire plaisir dans votre vie ? Vous le permettez-vous ? Un exercice que j'aime suggérer pour raviver le désir d'une façon plus concrète est de prendre le temps de se préparer à l'acte sexuel comme on prépare un bon repas. Il ne faut surtout pas s'attendre à ce que cette préparation se fasse en une minute. Il est important aussi de réaliser que différents types de personnes ont différents types de besoins. Par exemple, une personne du type physique a plutôt besoin d'être confortable physiquement lorsqu'elle fait l'amour. C'est le genre de personne pour qui le désir sexuel s'éveille rapidement même si elle s'est disputée le jour même. Une personne plutôt émotionnelle ne pourra pas se laisser aller à faire l'amour quand une dispute n'est pas réglée. Elle a besoin de se sentir bien, de se sentir désirée pour se laisser toucher. La personne de type mental a besoin d'une bonne préparation mentale. Par exemple, une bonne discussion, une communication profonde avec l'autre aura probablement pour effet d'éveiller son désir sexuel même si la discussion portait sur un sujet n'ayant rien à voir avec la sexualité. Le simple fait de se sentir bien mentalement avec son conjoint ou sa conjointe sert de préparation pour cette personne. L'idéal serait d'expérimenter les trois genres pour arriver à bien vivre le physique, l'émotionnel et le mental dans votre vie.

Quand on commence à manquer de désir dans le couple, c'est souvent un signe qu'il est temps de mettre plus de sensualité dans l'acte sexuel, d'apprendre à sentir, à se toucher davantage.

Pouvez-vous me dire ce qu'est réellement un fantasme et me donner un exemple ?

Le fantasme sexuel est le produit de l'imagination d'une personne qui ne peut arriver à avoir une excitation sexuelle autrement. Ses pensées la maintiennent dans un monde imaginaire et non dans son moment présent. Être avec la personne avec qui elle fait l'amour n'est pas suffisant pour l'exciter sexuellement. Elle a besoin d'imaginer autre chose. Il y en a pour qui ça se passe seulement au niveau des pensées, comme s'imaginer faire l'amour à trois. D'autres vont jusqu'à provoquer des situations dans le monde physique comme, par exemple, cette dame qui racontait que son mari lui demandait de s'habiller en religieuse parce que l'idée de faire l'amour avec une religieuse l'excitait. Le côté nocif du fantasme est qu'il éloigne la personne de sa réalité et qu'il devient le préalable au plaisir et non plus l'amour. Une femme me disait que son fantasme était d'être traitée de salope et de tous les noms du genre pour être excitée. Où est l'amour ?

Je veux savoir pourquoi je n'ai jamais envie de faire l'amour avec mon conjoint. Pourtant je l'aime de tout mon cœur, je le trouve extraordinaire mais je n'ai plus envie de lui. Nous sommes ensemble depuis seulement un an et je n'ai rien à lui reprocher à ce point de vue. Il est très doux lorsque nous faisons l'amour...

J'ai déjà répondu au même genre de question précédemment dans ce livret. Je tiens à ajouter l'élément suivant : Que pensez-vous de l'idée que ce soit vous qui commenciez à initier les rapports sexuels ? Il se peut que votre désir sexuel soit beaucoup plus long à éveiller que celui de votre mari et c'est normal. L'homme est généralement beaucoup plus facile à éveiller sexuellement. Allez-y graduellement et en vous respectant. Une journée, vous ne faites que le caresser et vous lui dites : " *Prépare-toi, demain on va continuer.* " À chaque fois que vous en avez l'occasion, vous faites seulement quelques caresses mais en disant que " ça s'en vient ".

Lorsque vous sentirez votre désir bien vivant, ce sera le moment de vous laisser aller à faire l'amour. Il est important d'expliquer cette démarche à votre mari afin qu'il ne soit pas frustré de son côté. Dites-lui de ne pas se créer d'attentes lorsque vous commencez à le caresser ou l'embrasser. Votre désir sexuel reviendra si vous prenez le temps nécessaire.

Mon mari aime les femmes sexy et il a un besoin sexuel beaucoup plus grand que moi. J'aimerais lui donner la liberté de satisfaire occasionnellement son besoin ailleurs mais je vis aussi en même temps un combat intérieur. J'ai peur de le perdre s'il trouve quelqu'un de mieux. Est-ce de l'amour que de le laisser avoir des relations sexuelles avec quelqu'un d'autre ? Comment composer avec ce problème ?

Cette situation fait certainement travailler votre côté possessif. Je ne connais pas beaucoup de femmes ou d'hommes qui se sentent bien à l'idée de laisser leur conjoint complètement libre. C'est pourtant à cela qu'on devrait aspirer en tant que couple. Nous souhaitons être capables un jour dire : “ *Nous sommes complètement libres tous les deux de faire ce qu'on veut, mais ni l'un ni l'autre n'a envie d'abuser de cette liberté.* ” C'est cela, la grande liberté dans un couple.

Il est certain que vous avez à communiquer ensemble. Exprimez-lui tout ce que vous vivez, parlez de vos peurs et demandez-lui de s'exprimer à son tour. Il est toujours très important de parler des peurs qu'on a pour soi. Définissez chacun vos préférences et vos limites. Dites-lui jusqu'à quel point vous êtes prête à le laisser libre. Demandez-lui jusqu'à quel point il peut se passer de relations sexuelles. Essayez par la suite d'arriver à un juste milieu pour les deux. C'est ce qu'on appelle “ mettre de l'eau dans son vin ” ! Essayez de trouver une solution avec laquelle vous vous sentirez gagnants tous les deux. Dans un couple, aucun des conjoints n'a l'obligation de satisfaire les besoins de l'autre ; ça deviendrait de la soumission. On ne se marie pas pour satisfaire les besoins de l'autre ; on se marie et on vit en couple pour apprendre à se connaître et pour grandir en tant qu'être humain au niveau de l'âme et au niveau spirituel. Cette expérience vous fera vraiment grandir si vous apprenez à vous donner le droit d'avoir des limites et à donner le droit également à votre conjoint d'avoir ses limites.

Quand on ne désire plus son mari sexuellement, est-ce un signe que l'amour est en train de s'éteindre?

Non, cela ne veut pas dire que vous ne l'aimez plus. Le désir sexuel et l'amour sont deux choses différentes. Faire l'amour est une forme de communication. La façon de communiquer sexuellement est souvent un reflet de la communication verbale dans le couple. Il arrive fréquemment chez un couple vivant ensemble depuis un certain temps, de moins ou de ne plus parler ensemble. Est-ce votre cas ? Vous pouvez vous référer aux autres questions de ce livret portant sur le désir sexuel. Cela vous donnera d'autres éléments sur " quoi faire " pour raviver votre désir.

Après 25 ans de mariage, je ne ressens plus qu'une grande amitié envers mon mari ; il est comme un frère que j'aime bien. Je n'ai plus de désir sexuel avec lui mais comme le sexe lui est important, j'ai encore des relations sexuelles pour lui faire plaisir bien que je ne me sente pas bien dans cette situation. Cela dure depuis plusieurs années. Notre union va-t-elle se briser à cause de la sexualité ?

Êtes-vous prête à payer le prix de le laisser aller vivre sa vie sexuelle avec quelqu'un d'autre ? Ça serait le seul moyen où vous pourriez tous les deux être satisfaits. Dans un cas comme le vôtre, c'est celui qui veut avoir des rapports sexuels qui a la responsabilité de les satisfaire. Quant au conjoint qui n'est plus intéressé par la sexualité, il doit se respecter. Par contre, êtes-vous prête à accepter les conséquences de votre choix ? Quel que soit ce choix, faites-le par amour. Si vous choisissez d'avoir une relation sexuelle avec votre mari, faites-le pour le plaisir que vous lui procurez et non par obligation, par devoir ou par soumission, sinon les deux sont perdants. Même si votre mari est satisfait physiquement, il ne le sera pas à l'intérieur de lui. Vous obliger à avoir des rapports sexuels avec lui n'est pas, à mes yeux, la solution pour sauver votre mariage. S'il vous dit qu'il n'est pas intéressé à faire l'amour avec quelqu'un d'autre que vous, c'est à vous de lui dire : " *Moi je n'en peux plus, je ne suis plus capable.* " Il ne peut pas vous obliger à faire quelque chose que vous ne voulez pas, comme vous ne pouvez pas l'obliger à se priver de quelque chose qu'il veut.

Je suis l'homme de la maison, je m'occupe de tout. Mon mari, lui, est la douceur incarnée. Je ne peux rien lui reprocher. Il semble même parfait aux yeux de tous ! Mais comment lui dire que sa partie masculine me manque pour m'éveiller sexuellement. Je n'ai pas de désir sexuel avec lui. Comment lui dire cela si vous dites qu'on ne doit rien reprocher aux autres?

Vous pouvez partager ce que vous vivez, exprimer vos sentiments et faire des demandes sans nécessairement lui reprocher quelque chose. Vous pouvez parler de ce qui vous manque, de vos préférences, et ensuite le laisser parler de ce qu'il vit, de ce dont il manque et de ses préférences. Cela devrait vous aider à arriver à une entente satisfaisante pour les deux. Par contre, il est important de faire vos demandes sans attente. Votre mari n'est pas obligé de répondre à vos demandes et vous n'êtes pas obligée de répondre aux siennes. Pour arriver à vivre une vie de couple harmonieuse, chacun doit faire son possible pour s'ajuster aux besoins de l'autre et essayer de faire plaisir à l'autre.

Pourquoi les désirs sexuels diminuent-ils après un certain temps dans un couple?

Cette situation semble assez générale. Il est certain que durant la période de passion, au début d'une relation, la sexualité est très importante. C'est un moyen de communication très utilisé par le couple. Mais après un certain temps, après quelques années, le couple ayant appris à utiliser d'autres moyens de communication vit bien cette diminution de désirs. Les partenaires qui ne vivent pas bien cette diminution de désirs sexuels ne gèrent pas bien leur communication verbale, ils ne se parlent pas assez. D'autres facteurs peuvent être la cause de cette diminution de désirs. Vous les trouverez à travers plusieurs des autres réponses de ce livret. Néanmoins, il demeure vrai qu'après quelques années, la majorité des couples ne sentent pas le besoin de faire l'amour aussi souvent.

Pourquoi y a-t-il une différence entre l'appétit sexuel féminin et masculin?

Il faut prendre en considération que l'homme est programmé génétiquement pour jouir facilement et rapidement, étant donné que pour arriver à procréer, il doit avoir un orgasme accompagné d'une éjaculation. Autrement, il ne peut pas procréer. Tandis que pour la femme, c'est biologiquement facultatif. Elle n'a pas besoin d'avoir un orgasme pour procréer. C'est pourquoi l'homme, lorsqu'il fait l'amour, veut être efficace et productif. Il est tout de suite porté à toucher les zones érogènes du corps de la femme tandis que celle-ci fait l'amour avec son corps au complet. Le corps de la femme est plus long à s'éveiller puisque son corps n'a pas été créé génétiquement pour avoir un orgasme à chaque fois qu'elle fait l'amour.

Un autre facteur entre en ligne de compte. Nous vivons depuis longtemps dans une période patriarcale pendant laquelle l'homme a été beaucoup plus puissant que la femme et où la passivité féminine, surtout dans le domaine sexuel, était vue comme une vertu. On a voulu imiter la vierge. La femme en général s'est sentie coupable parce que la religion lui a fait porter la honte du péché originel. Alors, la femme est devenue beaucoup plus un objet de plaisir sexuel exclusif pour l'homme qu'un sujet. La femme est imprégnée de ces mémoires dans ses gènes, ses cellules et au niveau de l'âme par ses vies antérieures. Heureusement, maintenant nous entrons dans une époque où le féminin et le masculin devront vivre harmonieusement. La femme est en train de s'éveiller et d'apprendre qu'elle a droit, tout autant que l'homme, d'avoir du plaisir sexuel. Il est intéressant d'observer que plus la femme reprend contact avec son énergie sexuelle, plus il y a d'hommes qui souffrent d'impuissance. Nous sommes définitivement dans une période d'ajustement.

Je n'arrive pas à lubrifier même si j'essaie de m'abandonner à mon partenaire. Pouvez-vous m'en expliquer la raison?

La réponse à votre question est dans votre question... : " *"j'essaie" de m'abandonner à mon partenaire !* " Lorsque vous vous abandonnerez réellement, vous n'aurez plus ce problème de lubrification. La lubrification vient avec le désir qui s'éveille. Je vous suggère de soigner davantage les préliminaires au moment de l'acte sexuel. Soyez vraiment dans votre moment présent et prenez le temps de savourer, d'être bien présente à chaque caresse pour bien ressentir chacune d'elles. Vous verrez que la lubrification se fera naturellement.

Je me sens coupable de ne pas vouloir avoir de relation sexuelle avec ma femme qui est alcoolique. Pensez-vous que ça peut changer et si oui, comment?

Dans ce genre de situation, il est important de se respecter et je vois que vous le faites en ne vous forçant pas à avoir des relations sexuelles. Mais avez-vous expliqué à votre épouse pourquoi vous ne la désirez plus ? En parlez-vous vraiment ? Comment vous sentez-vous tous les deux là-dedans ? Qu'est-ce qui vous empêche d'éprouver du désir envers elle ? Est-ce seulement l'alcool ou est-ce autre chose ? Si vous voulez vraiment remédier à la situation, il faut en parler beaucoup et en profondeur. Si vous n'êtes pas capable de tout dire d'un seul coup, allez-y graduellement, mais n'oubliez pas que les deux avez vraiment besoin de bonnes discussions et d'une communication sincère. Sachez que la culpabilité n'arrange jamais rien. Si, en bout de ligne, vous maintenez votre décision de ne pas faire l'amour avec votre femme, c'est votre choix et vos limites. Vous y avez droit.

Mon épouse et moi, nous nous aimons mais nous n'avons plus de désirs sexuels l'un envers l'autre. Nous trouvons que ce n'est pas normal. Est-il possible de continuer à vivre ensemble et de s'aimer mais sans avoir de relations sexuelles ?

Si vous êtes tous les deux bien dans cette décision, il n'y a aucun problème ! Le mot normal devrait être banni maintenant de notre vocabulaire. Ce qui est normal pour une personne ne l'est pas nécessairement pour une autre. La normalité est basée sur des normes établies par les humains. Aujourd'hui, la tendance est vers le naturel. S'il est naturel pour vous deux de continuer à vous aimer sans avoir de relations sexuelles, si vous êtes d'accord, que vous ne ressentez aucun manque et que vous vous sentez bien, alors pourquoi pas ? C'est votre choix et c'est correct ainsi. Le sexe n'est pas un besoin vital pour le corps physique. C'est plutôt un besoin affectif, un besoin de communication entre deux personnes. Vous pouvez tout aussi bien communiquer autrement et c'est aussi respectable !

Vous dites souvent que les maladies, les problèmes ou blocages dans notre monde physique sont là pour nous donner des précisions sur des blocages au-delà du physique, c'est-à-dire pour nous aider à découvrir des attitudes intérieures qui ne sont pas bonnes pour nous. Est-ce que cela s'applique aussi aux problèmes sexuels?

J'ai fait une synthèse des problèmes sexuels les plus courants qui nous aident à découvrir notre degré d'acceptation de soi et des autres. En voici un bref résumé. L'homme et la femme ont des organes sexuels qui sont féminins et masculins. Les organes féminins reçoivent, les organes masculins donnent. Chez l'homme, le pénis est l'organe masculin et chez la femme, le clitoris est son organe masculin. Tout problème à ces endroits chez l'homme tels l'éjaculation précoce, l'impossibilité d'érection ou l'impossibilité d'éjaculation indique que l'homme refuse de se faire plaisir. Cela démontre un manque d'acceptation de l'homme en lui, de son principe masculin. Chez la femme, des problèmes tels que l'impossibilité de se faire toucher le clitoris ou d'atteindre un orgasme clitoridien indique aussi une difficulté d'acceptation de l'homme en général et de son principe masculin. Quand on a des difficultés avec les hommes, chez l'homme comme chez la femme, c'est qu'on a encore des choses à régler avec le père, ou celui qui a joué le rôle de père.

L'organe féminin qui reçoit chez l'homme est la bouche et chez la femme, c'est la bouche et le vagin. La femme qui ne peut atteindre un orgasme vaginal ou de plaisir vaginal et l'homme ou la femme qui n'aime pas se faire embrasser indique un manque d'acceptation de la femme en général et de leur principe féminin. Quelque chose reste à régler avec la mère ou celle qui a joué le rôle de mère.

La peau est un organe autant féminin que masculin parce que la peau peut donner et recevoir. La personne qui n'aime pas toucher a surtout besoin de travailler le côté masculin (le père) alors que la personne qui n'aime pas se faire toucher, doit travailler le côté féminin (la mère).

Partie 3: L'engagement et la fidélité

Comment gérer mes attentes, mes intuitions amoureuses devant un partenaire encore dans une phase d'assimilation de son divorce. Il est amoureux de moi mais dès qu'il fait un pas en avant, il a peur de recommencer. J'ai l'impression de toujours donner et je suis impatiente de recevoir mais je ne veux pas gâcher cette relation. Que puis-je faire ?

Plusieurs hommes vivent difficilement l'expérience d'un divorce. Ils le considèrent comme un échec et une défaite. Il est ensuite difficile pour eux de se décider à recommencer. C'est peut-être le cas de votre partenaire. C'est à vous de décider si vous voulez vous engager avec cet homme. Il y a des conséquences à chaque décision. Si vous voulez sincèrement avoir une vraie relation avec cet homme un jour, le prix à payer pour le moment est d'avoir la patience de l'attendre et surtout, de lui donner le droit de faire le deuil de son divorce. Vous pouvez aussi vous fixer une date limite, date après laquelle vous ferez le point avec vous-même. Vous avez le droit d'avoir des limites. Vous avez le droit de dire : " *Je ne suis plus capable d'attendre parce que je m'attache trop. Je m'aperçois que mes attentes ne sont pas comblées et cela me fait vivre trop d'émotions.* " Donnez-vous le droit d'avoir des attentes et donnez-lui le droit de ne pas être capable de s'engager. Je vous suggère de lui faire lire cette réponse et de vérifier avec lui comment il se sent à l'idée de s'engager. Vérifiez quelles sont ses peurs et aidez-le si possible, à les accepter. Mais sachez que s'il ne veut pas s'engager, vous ne pouvez pas le forcer non plus.

J'ai été affectée par le divorce de mes parents et le comportement libertin de mon père. Aujourd'hui je refuse l'amour, je le fuis et j'en souffre. Pouvez-vous m'aider ?

Il est tout à fait normal pour une jeune fille qui voit sa mère souffrir à cause du comportement libertin de son père, de juger les hommes. Cela mène souvent à croire que les hommes sont là uniquement pour faire du mal aux femmes, pour les faire souffrir. En jugeant votre père de libertin, il est fort possible que vous jugiez ainsi les hommes en général et que vous ayez développé la peur de vous retrouver avec un homme comme votre père. Le seul moyen que je connaisse pour arriver à vous libérer de cette peur, de cette croyance que vous entretenez, c'est avec le pardon véritable. Vous devez accepter l'idée que votre père est comme il est et ce, sans jugement. Personne au monde n'a le droit de juger qui que ce soit. Vous devez ensuite vous pardonner d'en avoir voulu à votre père. Vous en avez peut-être voulu à votre mère de s'être laissée faire et ce jugement peut vous avoir amenée à décider de ne pas vouloir être comme elle. Si c'est ce qui se passe en vous, vous devez aussi faire le pardon avec votre mère. Le pardon véritable est expliqué dans plusieurs de mes autres livres. Veuillez vous y référer si vous ne connaissez pas déjà cette approche.

Un compagnon de travail veut faire l'amour avec moi mais ne veut pas s'engager. Je suis déçue parce que j'ai envie d'une relation sérieuse. D'un autre côté, j'ai le désir de faire l'amour puisque je n'ai eu aucune relation sexuelle depuis deux ans et demi. Que faire ?

Dans ce genre d'ambiguïté, il faut toujours vous demander si votre décision est motivée par la peur ou par l'amour de vous-même. Si vous ne faites pas l'amour avec lui parce que vous avez peur d'être jugée ou que vous considérez que c'est mal de le faire juste pour l'acte en lui-même, votre décision n'est peut-être pas la bonne parce qu'elle est basée sur une peur. Ce genre de décision n'est jamais bénéfique. Tandis que si vous décidez d'avoir une relation sexuelle en étant consciente que vous voulez seulement satisfaire un besoin physique et si vous n'attendez rien de ce compagnon de travail, pourquoi pas ? C'est votre corps, votre vie et vous ne nuisez à personne. Un dicton très connu dit qu' " il n'y a pas de mal à se faire du bien. " C'est toujours notre façon de penser par rapport à ce qu'on fait, c'est le jugement ou l'absence de jugement face à vos actions qui rend les situations agréables ou non.

Est-ce qu'au nom de la fidélité, je suis obligée de rester avec le même conjoint même si sa libido est de plus en plus en déclin et ce, malgré tous les efforts que j'ai déjà faits pour la raviver ?

Vous avez le droit de prendre n'importe quelle décision, c'est votre vie, votre responsabilité ; l'important est d'être prête à assumer les conséquences de vos choix. Personne ne dit que vous êtes obligée de demeurer avec le même conjoint toute votre vie. Par contre, est-ce que c'est cela que vous voulez vraiment ? Le plus important dans une situation telle que la vôtre est la communication. Votre mari semble souffrir d'impuissance ; je vous suggère de lui demander s'il se sent impuissant dans un autre domaine de sa vie. Se sent-il impuissant au niveau de créer sa vie ? Les deux sont reliés. Je parle en détail de ce problème plus loin dans ce livret. De plus, regardez ensemble vos engagements et ce que vous voulez. Ont-ils toujours été très clairs et précis ? Avez-vous déjà discuté de ce que vous feriez si un des conjoints n'était plus capable de faire l'amour ? L'autre aurait-il le droit d'aller ailleurs ? Vous quitteriez-vous ? S'engager dans un couple implique que l'on discute de tous ces aspects et qu'on prenne des engagements précis.

Je n'ai plus peur d'être trompée par mon mari mais cela n'empêche pas qu'il peut encore le faire. Comment puis-je accepter cette situation ?

Dans votre question, on sent la peur d'être trompée toujours présente. Vous avez sûrement l'intention d'arrêter d'avoir peur mais ce n'est pas encore fait. Si vous n'aviez vraiment plus peur d'être trompée, cela ne vous dérangerait pas qu'il le fasse. En quoi le fait que votre mari vous trompe vous dérange-t-il ? Avez-vous peur d'être abandonnée ? Peur d'être humiliée ? Peur d'être trahie ? Vous sentez-vous rejetée ? Après avoir mis le doigt dessus, donnez-vous le droit d'avoir cette peur et osez l'avouer à votre mari. Acceptez-en la responsabilité, réalisez que c'est votre peur de vivre ce genre de situation qui a attiré vers vous ce genre de mari. Rien n'est laissé au hasard ; on attire toujours à soi le genre de personnes et de situations dont on a besoin pour apprendre à se connaître davantage et pour se libérer de nos peurs. Si vous avez peur qu'il vous quitte ou peur de le perdre, c'est que vous êtes très dépendante de lui. Plus vous êtes dépendante, plus cela indique que votre manque d'amour face à vous-même est grand. Par contre, vous avez le droit d'avoir des limites. Si le fait qu'il continue d'aller ailleurs dépasse vos limites, si c'est trop pour vous, dites-lui jusqu'où vous pouvez aller. Personne au monde n'est obligé d'endurer des situations qui vont au delà de leurs limites. Lorsqu'on ne respecte pas ses limites, on risque de craquer. Si vous avez peur, donnez-vous le droit d'avoir peur. C'est un peu comme la personne qui est tout en haut d'un tremplin et qui a peur de plonger. Elle a le droit de ne pas plonger, elle a le droit de dire : " *Non, j'ai trop peur, c'est trop haut et je me donne le droit de ne pas être capable de le faire.* " C'est la même chose face à l'attitude de votre mari. Vous n'avez pas à tolérer ce comportement mais comme vous ne pouvez pas le contrôler et si vous ne pouvez pas être bien avec cette situation, il ne vous reste qu'à décider de vous éloigner si tel est votre désir.

Est-ce qu'un engagement avec l'autre implique obligatoirement l'exclusivité sexuelle ?

Un engagement en couple, c'est une promesse qu'on se fait. Quel genre d'engagement voulez-vous ? Vous pouvez choisir de vous engager à l'exclusivité sexuelle ou bien à la liberté de choix dans le couple. Par contre, l'engagement doit être clair de part et d'autre. Est-ce que vous vous engagez à le dire à l'autre si l'un des deux ressent une attirance ou vit une passion pour quelqu'un d'autre ? Préférez-vous vous engager de part et d'autre à en garder le secret ? Vous devez de plus être prêt à accepter que les deux partenaires peuvent avoir des engagements différents. Comme vous pouvez le constater, il peut y avoir toutes sortes d'engagements ; ce qui importe, c'est que les deux se sentent bien dans leurs engagements.

N'est-il pas normal d'avoir un certain minimum d'attentes et qu'elles soient satisfaites par un engagement, un investissement du conjoint ou par le dialogue, la tendresse et la sexualité ? Sans ce vécu relationnel minimum, où va le couple ?

Il est en effet tout à fait humain d'avoir certaines attentes, mais ce qui est néfaste au plan émotionnel, ce sont les " attentes sans ententes ". Si vous vivez présentement avec votre conjoint et que vous avez certaines attentes, faites-lui en part. Demandez-lui aussi quelles sont les siennes. Puis, voyez ensemble quelle est la possibilité de répondre aux attentes de l'autre. Est-ce que les attentes de l'un sont trop exigeantes pour l'autre ? Entendez-vous ensemble sur ce que vous pouvez attendre l'un de l'autre. C'est cela la vie de couple ; on s'entend sur des choses, et par après on est en droit de s'attendre à ce que les ententes soient respectées. Ensuite, il reste à négocier le point suivant : qu'arrive-t-il si l'un des deux ne peut pas garder son engagement ? Quelles seront les conséquences ? En rediscuterez-vous ? Je vous suggère également de vivre selon vos nouveaux engagements pendant un laps de temps précis (six mois par exemple) et de les réviser à ce moment-là en changeant ce qui ne fonctionne pas. Lorsqu'on s'engage, il est difficile de prévoir si c'est réaliste, si c'est dans la mesure de nos limites. C'est seulement une fois qu'on le vit qu'on peut réaliser si un engagement est réaliste pour nous ou si, au contraire, il va au-delà de nos limites. Voilà pourquoi il est bon de réviser nos engagements et de savoir aussi se donner le droit de se désengager pour reprendre des engagements plus appropriés.

Je suis mariée et je suis en même temps attirée sexuellement par un autre homme. Je sais que je pourrais vivre une aventure extraordinaire car c'est quelqu'un de merveilleux, je me sens comprise de lui. Est-ce possible d'avoir un mari et un amant sans rien perdre ni me faire mal ?

Je sens dans cette question une personne qui veut garder son gâteau et le manger en même temps... Selon toutes les expériences de ce genre qui m'ont été racontées (par de nombreuses personnes) il est très difficile, voire impossible de vivre une relation à trois d'une façon harmonieuse avec beaucoup de paix intérieure quand c'est fait à l'insu de l'autre. Ce que je vous conseille, c'est d'être vraie. Rien ne peut battre la vérité. Même si vous commencez votre aventure à la cachette, ça va se sentir. Il y aura des malaises entre votre mari et vous et ça ne pourra plus être la même chose. Il serait donc idéal de tout lui révéler, de lui dire que présentement, vous vous sentez attirée sexuellement par un autre homme, mais que vous n'avez pas encore passé à l'action. Il est bon qu'il sache ce qui se passe en vous dans le moment. C'est ce qu'on appelle se " donner l'heure juste ". Il est possible qu'il ne se passe jamais rien avec cet autre homme. Vous êtes peut-être seulement attirée par un aspect de lui que votre mari n'a pas (comme par exemple vous sentir comprise). Exprimez tout cela à votre mari. Dites-lui ce qui vous attire chez l'autre. Vous n'avez pas à lui promettre de ne rien faire, vous ne faites que lui exprimer ce que vous vivez dans le moment en disant : " *Je ne sais pas où ça va nous amener dans notre vie de couple mais au moins, j'aurai été vraie.* " Il est arrivé à plusieurs reprises que des femmes m'aient raconté qu'après avoir tout avoué ainsi à leur mari, celui-ci leur avait dit avoir eu aussi une attirance dans le passé et qu'il ne s'était rien passé. Vous voyez, cette situation vous donne l'occasion d'être vraie envers votre mari, ce qui pourrait aider à améliorer votre relation de couple.

Je suis mariée et heureuse en mariage et cependant les hommes me font sans cesse des propositions. Je les repousse mais cela me fait vivre de la colère. Qu'est-ce qui provoque cela en moi?

Il y a certainement un désir de séduire qui émane de vous et qui attire les hommes, bien qu'en même temps, une petite voix en vous dit qu'il est mal d'être séductrice. Vous refusez de voir cette partie en vous. Je vous suggère de demander aux gens qui vous connaissent d'observer votre attitude face aux hommes. Est-ce que, sans vous en rendre compte, il y a des attitudes en vous, des regards de séduction qui encouragent les hommes ? Tout cela se passe inconsciemment, surtout si une partie de vous croit qu'être séductrice est très mal. Si vous découvrez que c'est ce que vous faites, il serait important de vous donner le droit d'avoir une partie séductrice en vous. La partie qui aime séduire les hommes est la même partie qui veut avoir le contrôle. Pour elle, c'est une façon de dire : “ *Je l'ai séduit mais c'est moi qui ai le contrôle. Il ne peut pas me toucher, il ne peut pas rien faire parce que c'est moi qui ai toujours le dernier mot.* ” En vous donnant le droit d'être ainsi et en reprenant contact avec votre pouvoir, cela permettra à cette partie de se résorber. Tant que vous la repousserez et que vous ne voudrez pas la voir, il est clair que rien ne se règlera. Plus on repousse quelque chose et plus cela continue. Vous n'avez même pas besoin d'être d'accord pour vous donner le droit. Le fait de savoir qu'une partie de vous se croit puissante lorsqu'elle a le contrôle sur les hommes vous aide à réaliser que vous n'avez pas encore pris contact avec votre vraie puissance. Graduellement, vous retrouverez votre pouvoir d'une autre façon, sans avoir à séduire les hommes. D'ici-là, vous pouvez vous donner le droit et même vous laisser aller à la séduction, sans pour autant passer à l'acte sexuel avec les autres hommes.

Je crois que mon ami a une aventure avec une autre femme mais je ne suis pas capable d'aborder le sujet avec lui. Auriez-vous un autre moyen à me proposer pour que je le mette au courant de mes craintes ?

Avant de le mettre au courant, je vous suggère de découvrir vos peurs face à cette situation. Avez-vous peur qu'il ne vous désire plus ? Qu'il vous laisse ou vous abandonne ? Avez-vous peur d'être trahie ou humiliée ? Ou trouvez-vous plutôt que c'est injuste ? Identifiez ce qui vous dérange le plus dans cette situation afin de pouvoir lui en fait part. Vous deviendrez aussi consciente des aspects sur lesquels vous avez surtout besoin de travailler.

Si c'est vraiment au-delà de vos limites de lui en parler, vous pouvez lui écrire. Dans votre lettre, expliquez-lui que vous n'êtes pas capable de lui parler face à face et parlez-lui de vos craintes. Il est important de le faire rapidement. Plus vous attendez, plus vous vous faites du mal. Votre ami est aussi affecté parce qu'il sent que vous n'êtes pas la même personne. Si vous avez très peur de sa réaction, sachez qu'il a probablement aussi peur de la vôtre.

Plus on entretient des peurs et plus on s'attire des situations qui les font arriver. Ce que vous vivez avec votre ami est là pour vous montrer que vous avez déjà vécu le même genre de blessure avec votre père. C'est une excellente occasion pour régler cela à l'intérieur de vous en utilisant la technique du pardon.

Je suis bisexuel mais je préfère faire l'amour avec une personne du même sexe, malgré que j'espère vivre le grand amour avec une personne du sexe opposé. Comment y arriver ?

Votre orientation sexuelle semble être un peu confuse. Ce que vous dites est contradictoire et causera des problèmes dans vos relations. Posez-vous cette question : “ *Serais-je capable de m'engager à long terme avec une personne du sexe opposé avec qui je vivrais le grand amour, et d'accepter l'idée de ne plus faire l'amour avec une personne du même sexe ?* ” Si vous n'arrivez pas à faire la part des choses là-dedans, je vous suggère de prendre la décision d'être vrai à ce sujet avec la prochaine personne du sexe opposé avec qui vous aurez envie de vous engager. Dites-lui que pour le moment, vous avez encore une attirance sexuelle envers les personnes du même sexe et vérifiez si cette personne est prête à accepter cela.

La fidélité est-elle indispensable pour le bonheur d'un couple ?

Ça dépend des couples ! Vous devez d'abord déterminer ensemble ce qu'est la fidélité pour vous. C'est un sujet qui doit absolument être abordé clairement lorsqu'un couple décide de se marier ou de vivre ensemble. À quoi les deux s'engagent-ils ? Certaines personnes ne peuvent pas s'engager à l'exclusivité sexuelle, d'autres, oui. La fidélité, ce n'est pas seulement au niveau sexuel ; une personne qui s'abstient de faire l'amour avec quelqu'un d'autre mais qui y pense et éprouve des fantasmes n'est pas plus fidèle finalement. Ce qui est important pour le bonheur du couple, c'est surtout que les engagements soient clairs et précis.

J'ai été infidèle à mon conjoint trois fois. J'ai honte et j'ai peur de ce que je peux encore faire. Pour arriver à me pardonner, est-il nécessaire de lui en parler, au risque de lui faire du mal et de perdre sa confiance? Comment faire pour me pardonner?

Vivre dans la honte, le mensonge et la cachette n'est jamais bon pour personne. De toute façon, votre mari ne sait peut-être pas ce qui se passe mais il sent qu'il y a quelque chose, même s'il ne veut pas se l'avouer. Aussitôt que des non dits dans un couple entraînent de la honte, cela crée un malaise. J'appelle cela de la " poussière mentale " et cela se sent entre deux conjoints. Ça se sent davantage si vous êtes ensemble depuis plusieurs années car vous faites de plus en plus de télépathie. Ma suggestion dans ce genre de situation est toujours la même : **être vrai.** Il est certain qu'au début, il peut y avoir toutes sortes de réactions et on ne peut jamais les prévoir d'avance ! Une chose est certaine, se donner l'heure juste au fur et à mesure qu'il se passe quelque chose donne une bonne direction dans la vie d'un couple. Cela permet d'avoir une relation de couple sincère avec de bonnes bases solides. Avouez avec simplicité ce que vous avez vécu et les peurs encore présentes en vous. Personne ne peut promettre d'être fidèle car personne ne connaît l'avenir. Votre mari ne peut, lui non plus, vous promettre de vous être fidèle jusqu'à la fin de ses jours. Vous pouvez vous engager à l'exclusivité sexuelle tout en vous posant la question : “ *Si jamais l'un de nous est infidèle, qu'est-ce qu'on fait ?* ” Un engagement a toujours rapport à une action ; on ne peut pas s'engager à “ être ” ou “ ne pas être ” de telle ou telle façon. Une personne ne peut pas s'engager par exemple à toujours “ être ” patiente toute sa vie ; elle peut par contre s'engager à ne pas crier quand elle devient impatiente ou à se retirer dans une pièce voisine pour se calmer.

Le fait de vous sentir coupable et d'avoir honte continue à alimenter le problème. Donnez-vous le droit d'avoir eu ce genre de faiblesse humaine. C'est ainsi qu'on se pardonne. Après l'acceptation et le pardon de soi vient la transformation.

Mon mari souffre d'impuissance et d'éjaculation précoce. Comment arriver à lui pardonner de ne pas vouloir se soigner ? À cause de ce problème, je me sens obligée d'être adultère !

Il est trop facile de mettre le fait d'être adultère sur le dos de votre mari. Ce n'est pas votre mari qui vous force à être adultère, c'est vous qui le choisissez. Qui sait ? Il vous accuse peut-être d'être la cause de son impuissance et de son éjaculation précoce alors que vous l'accusez d'être la cause de votre adultère. Vous auriez grand intérêt à en parler tous les deux plutôt que de vous blâmer. Il est important de vous rappeler que chaque humain a le pouvoir de choisir. Vous et votre mari êtes toujours libres de choisir ce que vous voulez. Votre mari choisit de ne pas vouloir se guérir ? Il doit donc en assumer les conséquences ! Vous choisissez d'être adultère ? Assumez-en les conséquences ! Rien ne changera à moins que tous les deux ne décidiez de faire quelque chose ensemble pour changer la situation. Je vous suggère donc de parler de vos peurs réciproques dans cette situation. C'est de cette façon qu'on arrive à s'aider dans un couple. Si c'est au-delà de vos limites respectives de vous en parler ou de faire quoi que ce soit à propos de la situation actuelle, donnez-vous le droit d'avoir des limites. La conséquence sera que la vie va continuer telle quelle est dans le moment. À vous de choisir !

Pouvez-vous m'expliquer pourquoi je rencontre seulement des hommes infidèles et menteurs ?

Le fait d'attirer ce genre d'hommes indique que vous avez un processus à faire avec votre père et les hommes en général. Parmi les cinq blessures énumérées au début de ce livret, laquelle ressentez-vous le plus fortement ? Est-ce que vous trouvez cela injuste ? Vous sentez-vous humiliée, rejetée, abandonnée ou trahie là-dedans ? Une fois que vous aurez découvert la blessure (ça peut être une ou deux blessures), vérifiez ce que vous avez vécu avec votre père lorsque vous étiez plus jeune, ou encore, regardez ce que votre mère a vécu avec votre père. Vous découvrirez ainsi la raison pour laquelle vous attirez ce genre d'homme. Pour compléter votre processus avec votre père et les hommes en général, il restera à faire les étapes du pardon véritable.

J'aime mon mari et j'ai une vie familiale très heureuse, mais je désire sexuellement un de mes

compagnons de travail. Je pense toujours à lui lorsque je fais l'amour avec mon mari. Comment faire pour me délivrer de ce fantasme ?

Tout d'abord, soyez vraie avec votre mari. Je sais que ce n'est pas chose facile et lorsque je fais cette suggestion, on me demande souvent : *" Oui, mais s'il ne sait pas ce qui se passe, pourquoi lui créer un problème ? "* Ce que vous ne réalisez pas, c'est qu'il sait au plus profond de lui qu'il se passe quelque chose. Plus vous garderez votre fantasme en vous, plus il grossira au point de devenir une obsession, si ça ne l'est pas déjà ! Cela crée un malaise certain dans le couple. Voilà pourquoi je vous conseille d'en parler à votre mari et de lui dire ce qu'il en est exactement. Il m'est impossible de vous dire ce qui se passera par la suite car ce n'est jamais pareil d'un couple à l'autre. Ne préparez rien, approchez-le dans l'idée d'être vraie avec lui, de lui exprimer ce que vous vivez. Puis, prenez cela minute par minute et voyez comment vous pouvez gérer ce qui se passe. De toute façon, n'étant pas bien dans cette situation, il vaut mieux faire quelque chose car personne au monde ne peut le faire à votre place.

Comment puis-je attirer un futur conjoint mature sexuellement quand je m'aperçois que je suis jalouse et douteuse comme ma mère ? Elle disait que même quand la femme est en train d'accoucher, le mari flirt avec l'infirmière ! Alors ça vous donne une idée de la manière dont ma mère jugeait les hommes ! Même si je ne voulais pas devenir comme elle, je m'aperçois que je suis comme elle. Quoi faire ?

Il est très fréquent de se retrouver avec le même bagage de croyances que notre parent du même sexe. Au moins, vous êtes consciente et c'est donc à vous de décider une fois pour toutes si c'est vrai et si vous voulez continuer à entretenir ce genre de croyances. Lorsque vous étiez plus jeune, vous avez décidé d'adopter les mêmes croyances que votre mère et c'est pourquoi aujourd'hui, vous êtes jalouse et douteuse. Vous devez maintenant prendre une autre décision à l'effet que ce que vous croyez, votre mère et vous, n'est pas nécessairement vrai. Il se peut que ce soit vrai parfois mais certainement pas toujours.

Mon mari a embrassé passionnément une de mes amies et je n'ai eu aucune réaction. Je ne me suis pas sentie offusquée, ni concernée. Est-ce signe que je ne l'aime pas ou que je ne suis pas possessive?

Pour répondre à votre question, j'ai quelques questions pour vous ! Y a-t-il une entente entre vous deux laissant à chacun sa liberté sexuelle ? Je connais des couples qui ont expérimenté les échanges de couple où monsieur couche avec l'épouse de l'autre et vice-versa. Ils semblent très bien là-dedans. Est-ce le cas dans votre couple ?

Une autre question : Comment vous sentiriez-vous à l'idée d'embrasser passionnément un ami de votre mari devant lui ? Est-ce acceptable pour vous ? Si vous répondez non à cette question, dites-vous que ce qu'il a fait n'est pas plus acceptable pour vous. Lorsqu'elles souffrent trop, plusieurs personnes réussissent à occulter complètement leur souffrance et se font accroire que ça ne leur fait rien.

En agissant de la sorte, elles pensent éviter de souffrir. C'est une façon de bloquer leur capacité de sentir. Ça pourrait être votre cas. Il est possible que ça vous ait tellement dérangée que vous ne vouliez pas le voir.

Pour savoir si vous n'avez plus d'amour pour votre mari, laissez-moi vous poser une autre question. Seriez-vous contente que votre mari tombe amoureux de votre amie, vous donnant ainsi une excuse pour le quitter ? Une personne qui n'aime plus l'autre cherchera tous les moyens possibles pour se sortir de la relation.

En ce qui concerne la possessivité, même si une personne n'est pas possessive, elle aurait tout de même une réaction suite à une telle situation. Elle exprimerait son désaccord, sa désapprobation ou dirait que ce n'est pas ce qu'elle préfère. Une réaction de possessivité aurait été : “ *C'est mon mari et il n'a pas le droit de faire cela.* ” C'est la même chose que dire : “ *Tu es ma possession et je ne veux pas que qui que ce soit te touche.* ” Même si on n'est pas possessif et qu'on a une belle relation harmonieuse, il y a en général une réaction de la part de la personne témoin d'un tel geste de la part de son conjoint.

Est-il possible d'avoir une belle harmonie sexuelle avec quelqu'un mais sans l'aimer véritablement ? Je voudrais aimer cette personne assez pour vouloir vivre avec, mais je n'y arrive pas.

Il est en effet possible pour deux personnes d'être très compatibles au niveau sexuel seulement. Si vous vous sentez attirés l'un vers l'autre sur le plan sexuel, c'est sûrement que vous comblez ainsi un de vos besoins affectifs pour le moment. Il est possible de s'en tenir à cela. Ce n'est pas parce qu'on se trouve bien à faire l'amour avec quelqu'un qu'on peut nécessairement vivre le grand amour intime avec cette personne.

Depuis le décès de mon mari, je vis une relation amoureuse avec un de ses anciens amis. Ce dernier est marié et il refuse d'en informer sa femme car il veut éviter des conflits. Il dit qu'il n'est pas malheureux avec elle. Dois-je moi-même voir sa femme pour la mettre au courant ? Devons-vous sacrifier notre amour ?

Il est important de vous demander si la décision que vous prenez est basée sur la peur ou l'amour de vous-même. Voulez-vous informer sa femme de votre relation parce que vous êtes possessive et voulez avoir son mari pour vous ? Si vous profitez de chaque moment avec cet homme, et que vous vivez votre relation dans l'amour tous les deux, où est le problème ? Ce que votre amoureux vit avec son épouse le concerne lui seul. C'est à lui de régler son engagement avec son épouse. Tenez-vous à la liberté que vous avez de fréquenter qui vous voulez ? C'est une des conséquences agréables d'être amoureuse d'un homme marié. Cela veut aussi dire que vous ne pouvez toujours l'avoir auprès de vous. Pourquoi ne profiteriez-vous pas de chaque beau moment vécu avec cet homme pour apprendre à vivre votre moment présent, et arrêter de vous en faire pour l'avenir ? Donnez-vous le droit de vivre de beaux moments avec cette personne.

Pourquoi est-ce surtout les hommes qui trichent leur femme ?

Si les hommes trichent autant leur femme, avec quelles femmes trichent-ils ? Selon les dernières statistiques obtenues, 72% des hommes et 50% des femmes trichent leur partenaire. Selon moi, la plus grande cause à cette infidélité est le manque de communication sincère dans le couple.

Partie 4: Le complexe d'Œdipe

Comment savoir si ma nièce âgée de 8 ans a réglé son complexe d'Œdipe, sachant qu'elle est orpheline depuis 2 ans ?

Le complexe d'Œdipe peut être réglé avec n'importe quelle personne jouant le rôle de parent. Il n'est pas obligatoire que ce soit avec le père ou la mère biologique. Peu importe qui joue le rôle de père, cette personne peut aider votre nièce à régler son complexe d'Œdipe. Pour plus de précision, veuillez vous référer à la prochaine réponse où j'explique le complexe d'Œdipe en détail.

Pouvez-vous expliquer véritablement ce qu'est le complexe d'Œdipe. Est-ce que cela existe toujours de nos jours?

Jusqu'à maintenant, le complexe d'Œdipe semble encore être accepté par la psychologie. Ce concept vient du grand psychanalyste Sigmund Freud. Œdipe est un nom qui provient de la mythologie grecque. Freud dit que tous les humains passent par cette phase et que la façon dont nous la vivons étant jeunes affecte notre sexualité et nos relations intimes plus tard.

Voici de quoi il s'agit : Freud dit que le petit garçon est attiré naturellement par sa mère ou la personne jouant le rôle de la mère et la petite fille par son père ou celui qui en joue le rôle. L'enfant tombe amoureux de la personne du sexe opposé qui s'occupe de lui. C'est une attirance humaine normale, selon Freud. Dès la conception, le fœtus fait un avec la mère. Après la naissance, le bébé, qu'il soit de sexe masculin ou féminin, veut prolonger ce lien intime avec sa mère. Il commence tout de suite à avoir des sensations, toujours avec la mère pour commencer, parce que c'est elle qui lui donne le sein, qui s'occupe de lui, le lave, le caresse davantage au début. Ainsi, une vaste gamme de sensations sont éprouvées par la mère et son enfant. Il y a quelque chose de très sensuel dans le fait de toucher un bébé ; je ne dis pas " sexuel ", mais bien " sensuel ". Comme le bébé désire continuer à faire un avec sa mère, il croit que sa mère a le même désir. Quand il voit que maman est occupée à travailler, à s'occuper des autres enfants ou voir aux travaux ménagers, le bébé fait tout ce qu'il peut pour attirer son attention. La mère doit cependant, au début, continuer à vaquer à ses occupations et ne pas devenir esclave de son enfant en répondant à tous ses caprices, cela pouvant s'avérer très malsain pour l'enfant. En effet, il pourrait croire qu'il peut éclipser complètement le père ou toute autre personne autour parce qu'il comble entièrement maman. En permettant une telle situation, la mère peut empêcher l'enfant de passer par sa phase œdipienne, ce qui peut entraîner plus tard des problèmes psychologiques ainsi que des problèmes au niveau sexuel. Pour arriver à bien vivre cette phase œdipienne, ça se fait à trois : le père, la mère et l'enfant. Il est important que l'enfant se rende compte que bien qu'il désire toujours sa mère, cette dernière continue à désirer son père. Ainsi, l'enfant commencera à s'intéresser à celui-ci.

La phase suivante débute quand l'enfant réalise que l'union des deux sexes a été nécessaire pour le concevoir. Il commence dès lors à s'intéresser au sexe opposé. Il sent une attirance pour ce dernier et il développe un désir inconscient de concevoir lui aussi un bébé avec son parent du sexe opposé. Tout cela n'est pas vraiment d'ordre sexuel : c'est l'énergie de créativité qui s'éveille. Comme cette énergie est ressentie dans le corps humain au même endroit que l'énergie sexuelle, il est normal que les deux s'éveillent en même temps. On peut dire que le complexe d'Œdipe est vraiment résolu à partir du moment où l'enfant renonce aux désirs incestueux qui font partie, comme je l'ai écrit plus haut, du développement normal de tout être humain. Quand l'enfant commence à s'identifier au parent du même sexe, le complexe d'Œdipe est, en général, résolu. La phase la plus marquée du complexe d'Œdipe se passe généralement entre l'âge de deux et six ans. Par la suite, le jeune garçon cherche à imiter son père, il veut le suivre partout et la petite fille fait de même avec sa mère.

Voici quelques indices permettant de savoir si le complexe d'Œdipe n'est pas résolu.

- L'enfant continue à essayer de séduire son parent du sexe opposé ; il met ce parent sur un piédestal.
- L'enfant est jaloux de l'attention portée au parent du sexe opposé par le parent du même sexe.
- L'enfant tente souvent de séparer ses parents, quand il les voit s'embrasser par exemple ; il va aussi insister pour se coucher avec eux et/ou entre eux.
- L'enfant essaie par tous de moyens de prendre la place du parent du sexe opposé.

Quand le complexe d'Œdipe n'est pas résolu, vers l'âge de six ans, il refera surface encore plus fort à l'adolescence. L'adolescente continuera à essayer de séduire son père en devenant vraiment sexy et sensuelle. De la jalousie pourrait par conséquent s'installer entre la mère et sa fille. C'est la même chose avec l'adolescent et sa mère. Le père devient jaloux de son fils quand il s'aperçoit que la mère lui donne beaucoup d'attention et lorsqu'il voit les jeux de séduction entre les deux. De plus, j'ai observé que le parent qui encourage son enfant avec ce genre de comportement n'a pas résolu son propre complexe d'Œdipe avec son parent du sexe opposé.

Est-ce qu'une mère peut empêcher le complexe d'Œdipe de sa fille en l'éloignant de son père, pour la garder exclusivement pour elle?

Pour ma part, je considère qu'une mère ne peut avoir autant de pouvoir sur sa fille. Si cette mère est en conflit avec son mari, elle peut essayer d'éloigner sa fille de son père. Vouloir la garder exclusivement pour elle peut nuire à la résolution du complexe d'Œdipe chez sa fille. Cela ne veut pas dire que celle-ci va se laisser faire. Elle a le dernier mot en ce qui concerne sa vie, comme pour tout le monde d'ailleurs. Alors, si la fille a de la difficulté à régler son complexe d'Œdipe, c'est qu'elle se laisse influencer par sa mère et qu'elle entretient sûrement les mêmes croyances qu'elle.

Qu'arrive-t-il dans les cas où, après une séparation dans le couple, la mère se retrouve seule avec son fils et qu'il n'y a pas d'autre homme dans la famille?

Le fils va généralement se trouver un autre homme qui lui servira de modèle. Le garçon peut résoudre son complexe d'Œdipe même s'il ne le fait pas avec son parent. Une petite fille habitant avec son père ferait la même chose. Il est toutefois nécessaire que le parent qui reste avec l'enfant continue à entretenir des relations avec des gens du sexe opposé. Il est important qu'il soit clair pour le petit garçon qu'il ne peut pas prendre la place de son père et pour la petite fille, qu'elle ne peut pas prendre la place de sa mère. Quand cela est bien établi entre le parent et l'enfant, celui-ci pourra résoudre son complexe d'Œdipe en s'identifiant à quelqu'un du même sexe, qu'il admire ; ça peut être un oncle, une tante, un grand frère, une grande sœur, un beau-frère, une belle-mère, un voisin, un professeur, les grands-parents, etc.

Comment régler le complexe d'Œdipe avec une personne décédée?

Prenons l'exemple d'une femme qui s'aperçoit que son complexe d'Œdipe est encore très fort avec son père décédé. Dans ses pensées, elle peut retourner au moment où, petite fille, elle recherchait l'attention de son père. Il suffit ensuite d'accepter que sa mère a eu besoin de faire l'amour avec son père pour la créer et qu'elle ne pourra jamais être la conjointe de ce dernier. Elle doit aussi arrêter de l'idéaliser et commencer à reconnaître les qualités de sa mère, s'identifier à elle, vouloir être comme elle. Elle doit accepter les défauts et les qualités de sa mère. C'est ainsi qu'elle va s'accepter elle-même davantage et régler son complexe d'Œdipe. Tout cela peut se faire à l'intérieur de soi.

J'ai vécu seule avec ma mère depuis l'âge de 10 ans. À partir de ce moment, je n'ai eu aucun modèle masculin et je n'ai aucun souvenir de mon père jusqu'à l'âge de 10 ans. Est-ce pour cette raison que j'ai énormément de difficulté dans toutes mes relations amoureuses, incluant mes relations sexuelles avec mon mari? Que puis-je faire?

Il est possible que vous n'ayez pas eu l'opportunité de résoudre votre complexe d'Œdipe. Avez-vous ressenti, depuis que vous êtes toute petite, que vous combliez tous les besoins de votre mère ? Agissait-elle de façon à démontrer qu'elle n'avait pas besoin d'homme dans sa vie ? S'il n'y a eu aucun dialogue au sujet de votre père dans la vie de votre mère, il se peut que votre complexe d'Œdipe n'ait pas été vécu. Si c'est le cas, je vous suggère de vous visualiser à l'adolescence, ou à cinq ou six ans, et d'imaginer votre mère faisant l'amour avec votre père. Si vous pouviez avoir une photo de votre père pour bien intégrer le rôle qu'il a eu au sein de votre vie, à savoir qu'il a été votre géniteur, ce serait encore plus facile pour vous. Vous n'avez pas pu naître de votre mère uniquement. Demandez à votre mère de vous parler de votre père, de ses qualités, ses défauts, de leur rencontre, de la façon dont ils faisaient l'amour ; enfin tout ce dont elle peut se souvenir, sans aucun jugement pour que vous puissiez mieux le connaître et résoudre votre complexe d'Œdipe. Ce processus devrait améliorer vos relations amoureuses. Il ne vous reste plus qu'à vous donner le droit, pour le moment, de vous sentir mal à l'aise avec un homme, sachant que c'est parce que vous n'avez pas eu de modèle masculin étant jeune.

Comment savoir si j'ai bien ou mal vécu mon complexe d'Œdipe et si cela perturbe ma vie sexuelle?

Pour commencer, est-ce que votre vie sexuelle est perturbée ? Ce point n'est pas clair dans votre question. Je répondrai donc à votre question en supposant que oui et que vous voulez savoir si c'est dû à un complexe d'Œdipe mal vécu. Regardez la relation que vous aviez avec votre père étant petite fille. Est-ce que vous étiez du genre à idéaliser votre père ? Aviez-vous beaucoup d'attentes envers lui lorsque vous étiez adolescente ? Lorsqu'il ne répondait pas à vos attentes, étiez-vous en réaction avec lui ? Si vous répondez oui à chacune de ces questions, votre complexe d'Œdipe n'est pas résolu avec votre père. Ne pas avoir une image réaliste de votre père et comparer votre mari avec cette image sont deux autres indices d'un complexe d'Œdipe non réglé.

Chez nous, lors de la phase d'Œdipe, nos enfants ne se mettaient pas entre nous deux la nuit. Notre garçon venait se coucher près de moi, sa mère, et notre fille allait près de son père. Est-ce que cela signifie autre chose qu'un complexe d'Œdipe non résolu?

C'est la même chose. Les enfants s'arrangent toujours pour être à côté du parent du sexe opposé. Lorsqu'il y a deux enfants de sexe différent dans une famille, il est rare de voir la petite fille se coller contre sa mère et le petit garçon contre son père ; c'est toujours l'opposé. Par contre, il ne faut pas non plus s'alarmer outre mesure. Ça ne veut pas dire qu'on doive toujours empêcher les enfants de venir se coucher avec les parents. Intervenez surtout lorsque les enfants trouvent toutes les raisons possibles pour ne pas coucher dans leur lit, et qu'ils veulent trop souvent se coucher avec vous. Le fait que les enfants viennent à l'occasion se coucher quelques minutes le matin avec leurs parents n'est pas dommageable. Mais il n'est pas conseillé de les laisser passer toute la nuit dans le lit des parents.

Qu'arrive-t-il à la petite fille dont la mère est jalouse de l'affection que son père lui porte?

Quand il y a de la jalousie entre la mère et la fille, on peut tout de suite conclure que la petite fille vit présentement son complexe d'Œdipe avec son père. La petite fille est aussi jalouse de sa mère car la jalousie n'est jamais à sens unique ; c'est toujours de part et d'autre. Quand on accepte l'idée qu'on attire à soi ce qui est en soi, on accepte que la petite fille qui attire la jalousie de sa mère entretient elle-même de la jalousie en elle. On ne peut pas dire alors que c'est la faute de la mère si la petite fille n'arrive pas à résoudre son complexe d'Œdipe. Les deux ont besoin de travailler ensemble sur cet aspect. De son côté, la mère qui éprouve de la jalousie envers sa fille n'a pas non plus résolu son complexe d'Œdipe avec son propre père.

Ma fille de sept ans aime me caresser les seins souvent. Elle fait cela depuis qu'elle a l'âge de deux ans. Quand je ne suis pas d'accord, elle me répond que je ne l'aime pas. Pouvez-vous me dire ce qui se passe entre nous?

Votre petite fille semble avoir de la difficulté à se sevrer de sa mère. Est-il possible que vous l'ayez beaucoup couvée ? A-t-elle l'impression qu'elle peut combler tous vos besoins et vous, les siens ? A-t-elle pu sentir que vous n'aviez pas besoin d'homme dans vos vies respectives ? Elle semble ne pas avoir vécu son complexe d'Œdipe avec son père. Il serait important de lui expliquer l'importance de l'homme dans la vie d'une femme et de la mettre au courant du complexe d'Œdipe. Expliquez-lui que vos seins vous appartiennent et que vous ne permettez à quiconque de les toucher si cela ne vous plaît pas. Dites-lui que plus tard, lorsqu'elle aura des seins, elle pourra les toucher tant qu'elle le voudra mais que présentement vous n'êtes pas obligée de vous plier à ses caprices et à ses désirs. Vous devez vous affirmer davantage.

Est-ce que le complexe d'Œdipe a un rapport avec le fait que les adolescents font l'amour plus jeunes maintenant qu'il y a une dizaine d'années?

Je ne crois pas qu'il y ait un lien. Je crois plutôt que ce phénomène est surtout associé au fait qu'aujourd'hui, tout est plus libre, plus ouvert et plus permissif. On le voit par les scènes plus osées des émissions de télévision et des films. La sexualité devient de plus en plus acceptée. Les moyens contraceptifs ont aussi joué un rôle par leur accessibilité. De plus, la sexualité a toujours été omniprésente bien qu'auparavant, on en parlait très peu ou pas du tout parce que c'était honteux.

Est-ce qu'il est possible pour un petit garçon de tomber en amour avec son père plutôt qu'avec sa mère?

Si cela se produit, c'est signe que le petit garçon refuse d'accepter sa mère ; il refuse donc la femme en général, ce qui l'empêchera ainsi de vivre pleinement son complexe d'Œdipe. Plus tard, il aura des difficultés avec les femmes. Il continuera à rejeter la femme au point de peut-être devenir homosexuel ou de vivre des expériences homosexuelles. Pour vivre une sexualité harmonieuse à l'âge adulte, on doit être capable de bien vivre sa relation avec le parent du sexe opposé quand on est plus jeune.

Je suis une femme et j'admire ma mère dans tout ce qu'elle fait, bien que je ne réussisse pas à l'égaler. Est-ce que j'ai un complexe d'Œdipe face à elle ou est-ce face à mon père ?

Le complexe d'Œdipe n'est pas vécu seulement avec un seul des parents. C'est une phase pendant laquelle on tombe en amour avec le parent du sexe opposé, phase qui continue jusqu'au moment où on arrive à bien s'identifier à son parent du même sexe. Si vous avez de la difficulté à vous identifier et à accepter la femme que vous êtes, cela vous empêche de bien vivre et de bien compléter la résolution de votre complexe d'Œdipe.

Notre enfant de trois ans et demi vient nous rejoindre dans notre lit deux ou trois fois par nuit. Il nous dit qu'il ne veut pas dormir seul. Nous ne savons plus, mon mari et moi, comment réagir avec lui. Est-ce à cause de son complexe d'Œdipe?

C'est peut-être le cas, comme il se peut aussi qu'il soit très psychique et qu'il entende ou voie des choses qui lui font peur la nuit dans sa chambre. Il faudrait alors lui demander : " *Dis-moi, as-tu peur ? Y a-t-il quelque chose dans ton lit ou dans ta chambre ?* " Il serait préférable que vous ou votre mari alliez vous coucher quelques minutes dans son lit avec lui pour le faire parler : " *Est-ce que tu vois des choses, est-ce que tu entends quelque chose ?* " Il y a de nombreux enfants, surtout parmi ceux qui mangent beaucoup d'aliments sucrés et raffinés, qui sont ouverts à ce qui se passe dans le monde invisible. Ils entendent et voient des choses qui leur font peur la nuit, surtout lorsqu'ils ont vécu des peurs durant le jour. La nuit, ces peurs continuent. Pour savoir si c'est le cas, il faut faire parler votre enfant et surtout ne pas lui dire que c'est seulement son imagination. S'il dit qu'il entend des bruits ou qu'il voit quelqu'un dans sa chambre, restez à côté de lui et montrez-lui comment faire face à ces bruits ou à ce qu'il voit. Dites-lui : " *Demande-lui son nom et ce qu'il veut. Dis-lui que c'est ta chambre et que tu ne veux plus qu'il vienne dans ta chambre. Tu peux lui ordonner de s'en aller. C'est ta chambre et tu n'es pas obligé d'y laisser entrer qui que ce soit, sans ton consentement.* " Expliquez-lui que, de la même façon, votre chambre est votre chambre et vous préférez qu'il apprenne à être bien dans sa propre chambre, parce que votre mari et vous avez besoin de ce moment-là pour être seuls et tranquilles ensemble la nuit.

Si c'est à cause de son complexe d'Œdipe, cela n'a rien à voir avec des peurs psychiques ; c'est seulement parce qu'il a besoin de votre présence. Il faut y aller graduellement. Commencez par lui dire qu'il a la permission de venir une fois par nuit, pendant un bref moment pour ensuite réduire ce temps et l'habituer peu à peu à dormir seul dans sa chambre. Il est important que votre enfant réalise à quel point votre intimité est importante et combien vous aimez être ensemble, seuls votre mari et vous. Il doit sentir que vous pouvez vous satisfaire sans lui, bien que vous l'aimiez. L'enfant qui a un complexe d'Œdipe prononcé pense qu'il faut absolument qu'il comble en tout temps les besoins du parent du sexe opposé. De plus, si sa mère lui manque, il pense qu'il manque tout autant à sa mère. Il est important de lui faire réaliser que vous réservez la nuit pour votre mari, sauf en cas d'urgence.

Mon épouse est décédée du cancer il y a 8 mois et je vis seul avec mes deux garçons de neuf et onze ans. Ils sont très affectueux et ils me disent au moins cinq fois par jour : " Je t'aime papa ". Est-ce que cet attachement démesuré de leur part montre que leur complexe d'Œdipe n'est pas résolu ? Est-ce qu'ils risquent de devenir homosexuels s'il n'y a pas une présence féminine dans la maison pendant un certain temps ?

Un enfant qui perd sa mère à cet âge-là vit une expérience très difficile parce que le décès survient à un moment où il a très besoin de sa mère. Selon moi, la réaction de vos enfants provient beaucoup plus du fait qu'il ne leur reste maintenant qu'un seul parent et ils ont une peur bleue de le perdre lui aussi. Ils réagissent donc en s'attachant beaucoup à vous et leur réaction est tout à fait normale et humaine. Oubliez l'idée que cela pourrait les rendre homosexuels. Ce ne sont pas des situations comme celles-là qui rendent les gens homosexuels. C'est déjà prévu dans leur plan de vie avant d'arriver sur Terre s'ils seront ou non homosexuels. Pour aider vos enfants à compléter leur complexe d'Œdipe, sans qu'il y ait de présence féminine dans la maison, veillez à ce qu'ils comprennent l'importance que leur mère a eu dans votre vie. Continuez de leur parler d'elle, de garder son souvenir vivant et expliquez-leur qu'elle a participé à leur création. Ceci leur permettra de résoudre leur complexe d'Œdipe même si leur mère n'est plus là.

Partie 5: L'homosexualité

J'ai peur de ne pas pouvoir créer un couple. Je suis homosexuel et je trouve qu'il y a toujours un rapport de force entre deux hommes ainsi qu'une recherche trop effrénée de sexualité immédiate. Que puis-je faire ?

Le fait de croire qu'il y a toujours un rapport de force entre deux hommes vient certainement d'une expérience vécue plus jeune ou que vous avez observée auparavant. Ce n'est pas pour rien que vous croyez cela et le fait d'y croire vous attire ce genre d'expérience. Lorsqu'on croit quelque chose, on s'arrange toujours pour donner raison à notre croyance. On ne voit que les couples qui se comportent selon notre croyance, ce qui vient la renforcer. Je suis convaincue qu'il est possible pour deux personnes du même sexe de créer une belle relation de couple. Vous devez cependant changer votre attitude intérieure pour vous attirer un homme différent. Sinon, vous continuerez à attirer vers vous des hommes qui croient au rapport de force et qui veulent beaucoup de sexe.

Commencez à remarquer autour de vous les couples homosexuels qui arrivent à vivre une belle relation. Informez-vous davantage de leur vécu et vous pourrez ainsi peut-être changer votre façon de voir une relation de couple entre deux hommes. Il est aussi grand temps que vous appreniez à faire vos demandes, et lorsque vous commencez une relation avec quelqu'un, mettez les choses au clair en partant. Exprimez vos préférences et demandez à l'autre les siennes. Puis, trouvez une entente entre les deux.

J'ai peur de ne pas pouvoir plaire, surtout physiquement, à un homme qui me plaît. Je suis homosexuel et le problème de l'apparence physique est accentué dans ce milieu. Je suis conscient que ce problème n'existe pas seulement dans le milieu homosexuel. Pouvez-vous m'aider à me sentir plus confiant ?

Vous devez savoir que plus vous nourrissez cette peur, plus vous irez automatiquement vers un partenaire ayant la même peur que vous. Lorsque vous rencontrerez quelqu'un, osez avouer votre peur et prenez le temps de vérifier s'il se pourrait que l'autre ait peur aussi de ne pas vous plaire. Vous risquez d'être très surpris car, très souvent, derrière des apparences de grande confiance se cache cette peur. Dans votre cas, ça paraît peut-être, mais plusieurs réussissent à ne pas laisser paraître leur peur. Cela ne veut pas dire que la peur n'est pas présente. Donnez-vous le droit d'avoir cette peur pour le moment et de manquer de confiance en vous. Le fait de l'exprimer à quelqu'un qui vous plaît vous aidera à vivre cette situation différemment. Vous serez agréablement surpris de constater combien il est plus facile de s'accepter ainsi.

Que pensez-vous des mouvements qui nous encouragent à ne pas cacher notre homosexualité et à nous afficher davantage pour la faire accepter de la majorité ?

Selon moi, ces mouvements ont une bonne intention et je suis d'accord pour que l'homosexualité soit davantage acceptée. Cependant, ça doit être fait dans l'amour. Plus on se bat contre un phénomène ou une situation, plus cela prend de l'ampleur et plus c'est mal vécu. Toutefois, si on le vit dans l'amour et dans l'acceptation, on a beaucoup plus de chances de bien vivre nos expériences dans la vie, quelles qu'elles soient. Il est important que les personnes homosexuelles sachent accepter leur expérience ainsi que tous ceux qui en sont témoins. L'homosexualité est un choix personnel et le jugement n'est ni nécessaire ni utile à qui que ce soit.

Comment peux-tu expliquer qu'un jeune garçon qui a perdu son père et qui s'est retrouvé avec toutes les responsabilités de la famille, qui donc est devenu le père de ses jeunes frères et sœurs, soit devenu homosexuel ?

Lorsqu'une telle situation se produit, c'est comme si le jeune garçon, malgré lui, devenait du jour au lendemain le mari de sa mère. Comme il joue le rôle du père, sa mère devient par le fait même son amante, sa préférée, la femme de sa vie. Cette situation le garde très attaché à sa mère et il continue ainsi à entretenir son complexe d'Œdipe, à entretenir cet amour en lui pour sa mère. Il n'a pas, par conséquent, le désir d'aller vers d'autres femmes, sinon c'est comme s'il trahissait ou trichait sa " conjointe/mère ". Même s'il n'y a pas de rapports sexuels entre eux, cette relation amoureuse avec sa mère le comble. Il peut satisfaire ses besoins sexuels dans sa relation homosexuelle. J'ai pu observer que dans ce genre de circonstances, la mère a tendance à encourager son fils à agir de la sorte. Elle l'incite à amener ses amis à la maison pour qu'il ait sa vie sociale en sa présence. Dans le fond, ça fait l'affaire de la mère que son fils ne se marie pas et qu'il ne la remplace pas par une autre femme. Qui dit que cela est mal ? Si tout le monde vit cette situation dans l'harmonie et dans l'acceptation, où est le problème ?

Que puis-je faire pour que ma mère accepte davantage mon homosexualité ?

Si vous avez de la difficulté à faire accepter votre homosexualité par votre mère, c'est parce que vous avez de la difficulté à l'accepter vous-même. Le fait que vous soyez une personne homosexuelle ne change absolument rien à votre grand cœur, à l'être extraordinaire rempli d'amour que vous êtes. Lorsque vous accepterez ceci et que vous vous donnerez le droit d'être ce que vous êtes en reconnaissant votre grandeur d'âme, les autres autour de vous, surtout votre mère, vous refléteront cette acceptation.

Comment puis-je arriver à me trouver belle lorsque je viens de découvrir mon homosexualité?

Ce que je constate par votre question, c'est que pour vous, être homosexuelle égale être laide. Vous croyez sûrement que l'homosexualité, c'est laid. Dites-moi, si vous portiez un vêtement laid, est-ce que cela voudrait nécessairement dire que vous êtes laide en tant que personne ? Pour l'homosexualité, c'est la même chose. Votre façon de vivre, votre vie sexuelle n'a rien à voir avec la beauté de votre être, de votre âme. Vous devez arrêter de vous identifier à votre choix sexuel car vous n'êtes pas ce choix sexuel ; vous êtes beaucoup plus que cela. Ce choix est seulement physique. Votre expérience homosexuelle est sûrement là pour vous aider à reconnaître l'être unique que vous êtes, avec toutes vos qualités, vos défauts, vos limites et vos peurs, mais aussi votre grandeur d'âme, comme tout le monde d'ailleurs. Donnez-vous le droit d'être ce que vous voulez être et de faire les choix qui vous conviennent. Vous reprendrez ainsi contact avec votre beauté intérieure et extérieure. De plus, il est temps d'arrêter de croire que l'homosexualité, c'est laid.

Il y a un an, à l'âge de 52 ans, mon mari m'a confié sa découverte de pulsions homosexuelles. Il a vécu une expérience d'amour passionnel avec un autre homme mais me dit l'avoir dépassée. Comment puis-je arriver à accepter de vivre avec un homme qui me satisfait sexuellement mais qui est sensible à des personnes du même sexe que lui ?

La partie de vous la plus blessée là-dedans est votre ego. Ce n'est pas facile pour l'ego d'accepter que notre conjoint nous ait triché, surtout avec une personne du même sexe ! La vie vous envoie une expérience où vous avez l'occasion d'apprendre à accepter que votre mari ne vous appartient pas. Ses pulsions et expériences lui appartiennent. Votre réaction vous appartient. Vous avez le choix d'apprendre à le vivre dans l'harmonie ou dans la difficulté. Je vous suggère d'accepter que votre mari a des idées différentes des vôtres, comme tous les humains, y compris vous-même.

Vous avez la chance d'être avec un homme qui a su être vrai avec vous. Il aurait pu ne jamais vous le dire, et vous ne l'auriez jamais su. Il a été assez honnête pour vous donner l'heure juste et vous dire ce qui s'est passé.

Vous pouvez vérifier ce que vous vivez là-dedans, ce que cela vient réveiller en vous. Vous sentez-vous humiliée ? Sentez-vous de l'injustice ou de la trahison ? Regardez quelle blessure cela vient réveiller en vous. Vérifiez ensuite avec votre mari s'il n'a pas déjà vécu la même blessure avec vous mais dans un autre domaine. En allant fouiller un peu plus loin, vous découvrirez peut-être que vous avez vécu cette même blessure avec votre père. Maintenant, vous avez le choix de continuer à vivre avec votre mari, ou non. S'il vous est impossible d'être bien dans cette situation, vous pouvez le quitter, ce qui ne signifie pas nécessairement que vous ne lui avez pas pardonné. Vous pouvez lui pardonner et quand même décider de le quitter. Quel que soit votre choix, faites ce qui vous aidera à être bien dans votre peau.

Je suis déchirée entre mon conjoint et une femme qui est entrée dans ma vie récemment. Elle m'attire beaucoup physiquement. Une partie de moi veut aller vers elle et une autre partie a très peur d'être blessée et de se tromper. J'ai aussi peur de perdre mon identité, d'être étiquetée comme homosexuelle aux yeux des autres. Pouvez-vous me conseiller ?

Vous avez deux choix : soit de continuer à vivre ce tourment intérieur, soit d'être vraie et de faire front en donnant l'heure juste à votre mari en lui disant ce qui se passe en vous. Ce que vous vivez en ce moment envers cette femme peut devenir une obsession. Plus vous êtes obsédée, plus vous êtes tourmentée, donc moins vous aurez de paix intérieure. En en parlant à votre mari, il se pourrait qu'il accepte que vous viviez votre expérience jusqu'au bout ou il se pourrait qu'il veuille la séparation. Vous déciderez ensemble de ce qui est le mieux pour vous deux. Il est certain qu'il y aura des conséquences. Selon moi, la meilleure solution pour vivre cette expérience d'une façon plus harmonieuse est d'être vraie.

Comment un homme devient-il homosexuel ou une femme lesbienne ?

Les traits communs que j'ai pu observer jusqu'à maintenant autant chez l'homme que chez la femme, c'est un complexe d'Œdipe non résolu et un refus de vouloir s'identifier au parent du même sexe. Ceci dit, je tiens à éclaircir le point suivant : il y a une différence entre une personne vraiment homosexuelle et une personne qui vit une expérience homosexuelle. Beaucoup de personnes vivent, à une certaine période de leur vie, ce genre d'expérience qui peut ne durer qu'une soirée ou que quelques mois, mais elles ne sont pas nécessairement homosexuelles ou lesbiennes. Les vraies personnes homosexuelles sont celles qui sont strictement attirées physiquement par une personne du même sexe. Il peut y avoir plusieurs causes à l'homosexualité, toutes provenant de l'enfance. Certaines personnes savent déjà depuis leur tout jeune âge, qu'elles sont homosexuelles. Elles ont probablement déjà fait leur choix avant de naître. J'ai fait allusion un peu plus tôt au complexe d'Œdipe non résolu qui peut avoir une incidence sur l'orientation sexuelle de l'enfant. Vers l'âge de cinq ou six ans, le jeune garçon arrive à l'étape où il doit commencer à s'identifier à son père plutôt que de continuer à désirer sa mère. S'il a le genre de père avec qui il ne peut pas rivaliser, il peut refuser de s'identifier à son père et choisir de s'identifier à sa mère. (C'est la même chose pour la petite fille qui va devenir lesbienne ; elle croit ne pas pouvoir rivaliser avec sa mère donc elle s'identifie à son père.) Ce petit garçon sera attiré plus tard par un homme qui lui rappellera son père. De plus, comme il ne se sentait pas capable d'arriver à la cheville de son père quand il était jeune et d'être son rival, et comme il s'est identifié à sa mère, il va plutôt adopter des caractères féminins pour attirer l'attention de cet homme, comme le ferait une femme.

Voici d'autres causes à l'homosexualité, telles qu'observées depuis plusieurs années :

- Il se peut que le petit garçon ait eu un père très envahissant et très viril, qui se vantait d'avoir des maîtresses. Le garçon peut croire qu'il n'arrivera jamais à la cheville de son père et devient donc homosexuel, bien qu'il ait l'air très viril, un peu dans le style de Rock Hudson.

- Il se peut aussi que lorsque le petit garçon réalise qu'il ne pourra pas marier sa mère, il décide de devenir comme elle pour la garder en lui. Il n'aura pas d'autres femmes dans sa vie car il est déjà rempli de sa mère. Ce genre de garçon fait généralement un homosexuel plus efféminé.

- Le petit garçon qui a une mère qui l'adore mais qui déteste les hommes, les traitant souvent de toutes sortes de mots vulgaires, les dénigrant en général, surtout au niveau sexuel, peut aussi devenir homosexuel. Une telle mère ne tient pas compte généralement de sexe de son fils et s'il est avec une femme, il a peur que cette femme ignore elle aussi son sexe. C'est pour se prouver qu'il a un sexe qu'il devient homosexuel.

- L'homosexualité peut se développer aussi chez un petit garçon qui a eu un père très jaloux, violent, sévère et une mère qui l'adorait et qui le laissait se coller contre elle. Il était son confident et elle lui disait de ne pas devenir comme son père plus tard. Ainsi, pour ne pas rivaliser et ne pas devenir une menace pour son père, il devient féminin. En plus, il fait ainsi plaisir à sa mère.

- Chez la fille, il se peut qu'elle ait eu une mère qui était jalouse d'elle, surtout à l'adolescence, parce que la fille recevait le genre de compliments que la mère aurait souhaité recevoir. La fille devient lesbienne pour confronter sa mère par l'entremise d'une autre femme. Ce sera une relation imbue de possessivité et de jalousie. Cette femme demeure quand même féminine.

- Si la jeune fille voulait protéger sa mère contre son père, si elle voulait être le petit homme protecteur de sa mère, elle sera au contraire plutôt masculine. Ce n'est pas nécessairement que son père était un monstre, mais celui-ci ne répondait probablement pas à l'idéal d'homme que la petite fille et sa mère avaient. C'est souvent un père qui était absent ou qui ne s'occupait de rien. C'est la raison pour laquelle la petite fille a décidé qu'elle voulait protéger sa mère. Au lieu de s'identifier à sa mère au moment de résoudre son complexe d'Œdipe, elle devient le petit homme qui aime sa mère.

  C'est ce qui explique pourquoi une femme lesbienne va souvent en vouloir aux hommes, les dénigrer et avoir un manque d'estime pour l'homme en général. L'homme homosexuel, quant à lui, aime généralement beaucoup la femme. Il l'admire et la respecte même sil ne veut pas lui faire l'amour . Il aime beaucoup la compagnie des femmes.

Quelles sont les conséquences de l'homosexualité sur l'évolution spirituelle dans cette vie et dans les vie futures?

Que la personne choisisse une vie homosexuelle ou hétérosexuelle, les conséquences sont les mêmes. On est ici pour apprendre à vivre des expériences dans l'acceptation et l'amour. L'homosexualité est une expérience comme une autre. Si une personne arrive à vivre sa relation homosexuelle dans l'harmonie, dans l'acceptation, dans l'amour d'elle-même, en se donnant le droit d'être ainsi sans se juger et se critiquer, les conséquences seront agréables puisqu'elle aura développé l'amour en elle. Au niveau spirituel, c'est un accomplissement significatif. Quand la personne homosexuelle ne s'accepte pas, se sent coupable, a honte, s'accuse sans cesse, elle bloque son évolution spirituelle. Il en est de même dans tous les domaines.

Comment expliquez-vous les transsexuels ? S'agit-il d'hommes mal réincarnés ? Deviennent-ils transsexuels parce que leur plan de vie est d'apprendre à s'aimer et à s'accepter ainsi?

Tous les humains ont le même but : celui d'apprendre à s'aimer et à s'accepter tels qu'ils sont. Les transsexuels que je connais, qu'ils soient hommes ou femmes, m'ont tous exprimé le grand inconfort qu'ils éprouvaient à vivre dans le corps qu'ils avaient. Aussi loin qu'ils pouvaient se souvenir, changer de corps était un désir qu'ils alimentaient. Les hommes se considéraient une femme dans un corps d'homme et les femmes, un homme dans un corps de femme. De toute façon, les gens qui choisissent ce genre de transformation auront à en assumer les conséquences. Ils n'ont pas à être jugés. C'est leur corps, leur vie leur appartient et c'est leur décision. L'important pour moi demeure ceci : Est-ce que cette expérience est vécue dans l'acceptation ou non ? Je connais des transsexuels qui vivent une relation de couple merveilleuse depuis leur opération. Ils se sont bien ajustés, ils sont très heureux et vivent en harmonie avec leur décision. J'en connais d'autres qui vivent plutôt un grand désarroi intérieur, qui ne sont pas mieux qu'avant dans leur peau. Tout dépend de la façon dont l'expérience est vécue. On est tous ici pour apprendre à se donner le droit de vivre nos expériences sans se juger, sans honte, sans culpabilité, sans penser que c'est mal. Apprendre à s'accepter à travers ses expériences est ce qui est le plus important.

Un garçon de six ans peut-il être affecté par le fait que son père refuse de lui donner de la tendresse, de peur qu'il devienne homosexuel ?

Il sera affecté surtout si les parents sont eux-mêmes affectés par cela. Il serait souhaitable que le père (ou la mère) explique à son enfant pourquoi il ne lui donne pas d'affection. Il se peut que le père ait ou ait eu une attirance envers un autre homme mais qu'il ne se permette même pas de se l'avouer, surtout s'il considère que l'homosexualité est mal. Il faut aussi expliquer à l'enfant que ce n'est pas parce que son père a ces croyances qu'il est lui aussi obligé d'y croire. Il faut savoir respecter le choix du père ; on ne peut pas le forcer à changer ses croyances. L'enfant décidera s'il veut croire ou pas qu'un père qui donne de l'affection et de la tendresse physique risque de le rendre homosexuel.

Pensez-vous qu'être homosexuel est une forme d'échec sans possibilité d'épanouissement personnel ?

Mais pas du tout ! Tous peuvent s'épanouir personnellement, qu'ils soient homosexuels ou hétérosexuels. Être homosexuel, c'est seulement avoir une attirance sexuelle différente. On a tous le même but : celui d'apprendre à s'accepter dans ce que nous sommes. Si vous utilisez l'expérience de l'homosexualité pour développer davantage d'amour pour vous-même et les autres, vous vous épanouirez tout autant que quiconque.

Partie 6: L'inceste et le viol

Pourquoi y a-t-il autant d'inceste ? Il y en a de plus en plus selon les statistiques.

Il semble y en avoir plus parce qu'on en parle de plus en plus. Cependant, je constate lors de mes stages qu'un pourcentage élevé de personnes ont vécu des problèmes d'inceste étant jeunes. Heureusement que maintenant, le sujet est plus ouvert et qu'il est désormais acceptable d'en parler. Selon moi, la raison principale pour laquelle ce problème continue et ne se règle pas est qu'on continue à entretenir des rancunes. J'ai pu observer que peu importe le domaine, tant qu'on en veut à quelqu'un, la situation continue à se produire. Par exemple, quand un enfant en veut à son parent d'avoir été autoritaire, violent, indifférent, ou quel que soit l'aspect du parent qu'il a critiqué et jugé, lorsque cet enfant devient lui-même parent ou adulte, il devient semblable à ce parent. Le cercle vicieux continue. Cela explique pourquoi une femme qui en veut à sa mère d'avoir laissé son père l'abuser sexuellement vivra la même chose plus tard. Elle sera attirée par un homme incestueux et deviendra une mère qui ne remarquera pas ce qui se passe entre sa fille et son mari. C'est ainsi que l'inceste se perpétue d'une génération à l'autre.

J'ai eu la chance et le bonheur de rencontrer beaucoup de personnes dans mes stages qui ont réussi à faire le pardon véritable avec le parent incestueux et avec l'autre parent. On doit se souvenir qu'on n'en veut pas seulement au parent qui a commis l'inceste mais aussi à l'autre parent, à celui qui a laissé faire l'inceste. L'autre parent sait ce qui se passe mais ne veut pas se l'avouer. Ça ferait trop souffrir. Le pardon véritable est à l'origine de transformations merveilleuses, de réconciliations familiales extraordinaires. C'est par le pardon véritable qu'on brise le fameux cercle vicieux qui perpétue l'inceste d'une génération à l'autre.

Quelle est la différence entre un homme incestueux et un homme pédophile?

La seule chose que les hommes incestueux et les hommes pédophiles ont en commun est l'immaturité sexuelle. Le pédophile est un homme qui a une attirance sexuelle pour les enfants en général. Le père incestueux n'est pas un pédophile. Il est amoureux de sa fille et l'utilise en plus pour se venger de l'emprise inconsciente que la femme a sur lui. Selon ce que j'ai remarqué, la majorité des pères incestueux éprouvent de la haine envers leur mère. Ils ont vraiment un gros pardon à faire avec elle, ce qui rend leur relation difficile avec leur épouse. En s'en prenant à leur fille, c'est une façon inconsciente de faire souffrir la mère.

Étant donné que quatre-vingt pour cent des cas d'inceste sont vécus entre la fille et son père (ou l'homme qui a joué le rôle du père), j'expliquerai surtout le portrait type d'un homme incestueux.

Portrait type d'un homme incestueux

- Grand déséquilibre affectif (doux par moment, puis violent par moment).
- Manque affectif. Il manque surtout de chaleur venant de la mère qui était froide.
- Manque de respect envers sa mère.

- Manque d'éducation sexuelle, donc immature sexuellement.
- A souvent vécu des agressions sexuelles étant jeune. Adulte, il devient agresseur à son tour pour enfin avoir le contrôle.
- Mélange l'affection et la sexualité.
- S'est senti victime des femmes.
- A consommé ou consomme drogues ou alcool.
- Plutôt timide et réservé lorsqu'il est sobre.
- Beaucoup de peurs, surtout la peur du rejet.
- Devenu adulte, il continue la même chose : peurs ; déception envers les femmes ; se sent victime de sa femme. Il se croit sans pouvoir de décision, sans contrôle, incompétent.
- Veut se venger des femmes.
- Manque d'estime envers lui-même.
- Attitude autoritaire pour cacher son manque d'estime.
- Voudrait souvent être le fils préféré de sa femme. Il est jaloux de ses enfants.
- Difficulté à communiquer avec d'autres adultes.
- Ne se permet pas d'aventures extraconjugales.
- Se fait accroire que son attitude est correct. Essaie de mettre la faute sur la mère ou l'enfant pour se sentir moins coupable.
- Si soupçonné, nie tout au début.

- Veut souvent arrêter mais ne sait pas comment ni à qui se confier.

Je tiens à préciser que si un homme a quelques-uns des comportements cités plus haut, il ne faut pas sauter aux conclusions et juger trop vite qu'il est un homme incestueux.

Symptômes d'une petite fille qui vit l'inceste

- Est souvent fatiguée.
- Se sent mal.
- Fait pipi au lit.
- A des douleurs au ventre.
- A des vomissements.
- Refuse de manger.
- A des cauchemars ; a peur la nuit.
- A peur de s'endormir.
- Passe des commentaires comme : " Ne me laisse pas avec papa ".
- Certaines veulent dormir tout habillées.
- Ne peut se concentrer. Difficulté d'apprentissage à l'école.
- Ne joue plus, est triste. Envie les autres petites filles.
- Se replie sur elle-même.
- S'isole et ne crée plus.

Portrait type de la petite fille victime de l'inceste

- Carence affective
- Est vieille de caractère
- En veut à sa mère de ne pas se rendre compte de la situation mais une autre partie d'elle ne veut pas la faire souffrir. Elle n'ose donc pas lui dire quoi que ce soit.
- Si elle le dit et que la mère ne fait rien, elle lui en veut davantage.
- Si elle le dit et que la mère fait mettre le père en prison, elle lui en veut aussi de briser la famille.
- Quand elle le dit, elle ne désire pas punir le père. Elle veut seulement qu'il arrête.
- Souvent, elle n'en parle pas car elle a trop honte. A l'impression que c'est écrit sur son front.
- Une partie d'elle aime ce qui lui arrive car c'est la seule affection qu'elle reçoit de son père. Quand l'inceste arrête trop brusquement, elle peut ressentir un manque.
- Se coupe de ses sensations, donc se sent moins coupable d'aimer cela (inconsciemment).
- Voit son père comme une figure d'autorité, donc elle a peur et n'ose pas lui dire non.
- Souvent jalousée par ses frères et sœurs.
- Si elle croit au péché, elle se sent encore plus coupable. Elle n'ose même pas le dire à la confesse car en plus, le curé connaît le père. Si elle va communier avec l'inceste sur la conscience, c'est un autre péché.

Je tiens à préciser que si une fille a quelques-uns des symptômes/comportements cités plus haut, il ne faut pas sauter aux conclusions et juger trop vite qu'elle est victime d'inceste.

Portrait type de la femme mariée à un homme incestueux

- Déséquilibre et carence affective.
- Est une mère froide.
- A été victime d'abus sexuels étant jeune.
- Ne peut protéger sa fille car elle-même ne l'a pas été. Elle n'a pas eu de modèle de mère protectrice.
- Si elle dénonce la liaison entre le père et sa fille, c'est surtout dans le but de se venger du mari ou de sa fille plutôt que pour vouloir protéger sa fille.
- A peur de l'autorité.
- Dépendante de son conjoint.
- Est au courant de l'inceste entre son conjoint et sa fille mais fait semblant de ne pas le voir pour se sentir moins coupable.
- Souvent, ne croit pas sa fille lorsque celle-ci lui dit ce qui se passe. Elle préfère même la culpabiliser plutôt que blâmer son conjoint.
- Ne peut prendre de décisions à ce sujet, à un tel point qu'elle peut quitter sa maison pour ne pas avoir à le faire.
- Manque d'estime envers elle-même.
- Vit beaucoup de peurs.

Je tiens à préciser que si une mère a quelques-uns des comportements cités plus haut, il ne faut pas sauter aux conclusions et juger trop vite qu'elle est mariée à un homme incestueux.

Si un enfant a tous les symptômes d'un enfant abusé, est-il automatiquement abusé?

Si un enfant a tous les symptômes d'un enfant abusé, il serait urgent qu'il rencontre un thérapeute spécialisé dans les abus faits aux enfants. Évitez de vouloir jouer vous-même au thérapeute. Ces gens savent mieux comment faire parler l'enfant pour l'aider à se libérer. Un enfant abusé qui garde tout à l'intérieur de lui sera davantage traumatisé car plus une douleur est vécue dans l'isolement, plus elle fait mal. Les conséquences sont plus difficiles à vivre une fois devenu adulte.

Comment puis-je me libérer de la blessure provenant d'un inceste ? J'ai peur maintenant de m'engager avec un homme.

Le seul moyen que je connaisse est le pardon véritable. Il est important de réaliser que les deux personnes impliquées dans cette expérience d'inceste ont chacune quelque chose à apprendre. La personne qui devient abuseur a généralement été abusée quand elle était plus jeune. En se pardonnant pour ce qu'elle a fait, elle va apprendre à pardonner à la personne qui l'a abusée. Vous qui avez vécu l'inceste devez apprendre à pardonner à l'abuseur mais aussi et surtout, vous pardonner vous-même. La personne qui a subi l'inceste s'en veut souvent d'avoir été soumise, d'avoir aimé cela ou de ne pas s'être défendue. Elle peut s'en vouloir pour plusieurs raisons. Pardonnez-vous en sachant que vous avez fait ce que vous avez pu avec les moyens que vous aviez à ce moment-là. Grâce au pardon véritable, les choses se replaceront à l'intérieur de vous et vous serez capable de commencer à regarder les hommes avec des yeux différents. Vous cesserez de voir des abuseurs en chaque homme et vous arriverez ainsi à vous engager avec confiance.

À l'âge de 15 ans un homme proche de ma famille a tenté de me violer. Depuis, je n'arrive pas à atteindre l'orgasme lors de mes relations sexuelles. Je n'ai jamais pu en reparler avec l'homme en question. Mon blocage est-il dû à ce traumatisme?

Il est fort probable qu'un lien existe entre votre incapacité d'atteindre l'orgasme et cette tentative de viol. Une telle expérience est toujours difficile à vivre pour une jeune fille. Il semble en rester des séquelles la plupart du temps, surtout lorsque ça se passe avec quelqu'un en qui on avait confiance. Le moyen par excellence pour arriver à dépasser ce traumatisme est le pardon véritable. Vous pouvez commencer par vérifier de quoi vous accusez cet homme. Quelles sont les rancunes que vous entretenez envers lui ? Pardonner ne veut pas nécessairement dire que vous lui donnez raison, mais plutôt que vous acceptez le fait qu'il ait perdu le contrôle. Par exemple, vous vous êtes peut-être sentie trahie, puisque c'était un homme qui était près de la famille et en qui vous aviez confiance. Vous l'accusez alors de trahison. Cela signifie que vous avez à travailler sur la blessure de la trahison. Vous accusez-vous d'avoir trahi d'autres personnes ? Peut-être vous empêchez-vous d'être vous-même par peur de trahir d'autres personnes ?

C'est surtout cela que vous avez besoin de régler avec cette expérience. Il n'est pas toujours facile de prendre ainsi notre responsabilité. Prendre sa responsabilité ne signifie pas qu'on est d'accord avec ce qui est arrivé, avec ce qui s'est passé ou avec ce que les autres nous ont fait. C'est reconnaître, admettre que quelque chose en vous a attiré cet incident dans votre vie. Aussi longtemps que vous continuerez à en vouloir à la personne concernée, à essayer de repousser ou refouler vos émotions, cet incident continuera à vous marquer, à vous traumatiser et à vous bloquer. Vous êtes alors la plus perdante dans cette situation. Aussitôt que vous sentirez le courage nécessaire, il serait bon de revoir cet homme et de pouvoir faire un pardon véritable avec lui. En ce qui concerne la technique du pardon, vous pouvez la trouver dans plusieurs de mes livres.

Finalement, je voudrais ajouter que l'orgasme est symbolique de notre capacité à se faire plaisir. Est-il possible que vous ayez ressenti un certain plaisir dans le fait de savoir que vous étiez attrayante ou désirable par un homme lorsque vous aviez 15 ans, et que vous vous en sentiez coupable ? Cette culpabilité serait suffisante pour empêcher le plaisir de l'orgasme, par peur que peut-être, si vous aimez trop faire l'amour, vous perdriez le contrôle.

Comment pardonner l'inceste d'un parent quand celui-ci est décédé?

En vous intériorisant, vous pouvez faire les premières étapes du pardon. Ensuite, quand vient l'étape d'aller demander pardon au parent en question, vous pouvez le faire sous forme de détente.

Vous vous détendez, vous vous visualisez avec ce parent et vous lui exprimez votre pardon.

Comment accepter les abus sexuels faits sur des enfants?

Malheureusement, ce problème est mondial présentement. Les statistiques démontrent qu'un nombre incroyable d'enfants partout dans le monde sont abusés sexuellement. Je sais que c'est une situation très difficile à accepter. L'humanité s'est laissée descendre très bas au niveau du pouvoir. Beaucoup d'adultes ayant une immaturité sexuelle ont besoin d'avoir le pouvoir sur un enfant pour être capable de satisfaire leurs désirs sexuels. Mais ce n'est pas en condamnant et en voulant faire la guerre aux abuseurs que cela changera. Au contraire, toutes les mesures prises jusqu'à maintenant n'ont pas fait diminuer le problème. Je ne dis pas qu'on doit arrêter les représailles sur les abuseurs. Tant et aussi longtemps que nous allons souhaiter du mal à ces abuseurs, l'humanité sera victime d'un cercle vicieux à ce niveau. Il faut plutôt utiliser notre énergie pour avoir de la compassion pour ces personnes. Nous devons apprendre à leur souhaiter de s'en sortir. Nous devons sentir qu'eux aussi souffrent et comprendre que s'ils sont devenus abuseurs, c'est qu'ils ont été abusés dans le passé. Les enfants abusés aujourd'hui et qui ne feront pas le pardon avec leur abuseur risquent à leur tour de devenir des abuseurs quand ils deviendront adultes. Sans pardon, il n'y a pas de fin. Il n'y a que le pardon qui arrive à briser ce cercle vicieux et à arrêter cette roue du Karma. Souvenez-vous qu'accepter ne veut pas nécessairement dire que vous êtes d'accord. On peut accepter, c'est-à-dire constater que cette situation continue d'augmenter sur la planète mais sans être d'accord.

J'ai été violée plus d'une fois étant jeune et ma mère disait que c'était de ma faute. Depuis, je me sens sale et indigne d'être ce que je suis. Comment arriver à me sortir de cette impasse?

Lorsque votre mère vous disait que c'était de votre faute, elle vous reflétait tout simplement ce que vous vous disiez à l'intérieur de vous, même si vous n'en étiez pas consciente. Vous aviez possiblement des désirs sexuels lorsque vous étiez jeune et quand vous avez été violée, vous avez pensé que c'était vous qui aviez provoqué ce viol. C'est pourquoi votre mère vous a reflété ce que vous pensiez à l'intérieur de vous. Une telle chose est très fréquente dans la vie. Quand on ignore ce qui se passe en nous, on attire automatiquement des personnes ou des situations pour devenir plus conscients. Il est toujours trop facile de mettre le tort sur ceux qui nous accusent. Pour arriver à accepter ce que je viens de dire, c'est sûr qu'il faut accepter la notion de responsabilité, c'est-à-dire savoir que tout ce qui nous arrive dans la vie, nous l'attirons, nous le créons nous-même à l'image de ce que nous sommes à l'intérieur de nous. Le plus important est donc d'arriver à changer vos croyances, d'apprendre à vous accepter. Donnez-vous le droit d'avoir eu des désirs sexuels quand vous étiez jeune et d'en avoir encore, sans pour autant penser que c'est mal ou sale. Je ne serais pas surprise d'apprendre que votre mère entretient les mêmes croyances que vous, à l'effet que c'est mal pour une femme d'avoir des désirs sexuels et d'éveiller des désirs chez les hommes. Le plus important est de vous donner le droit d'être telle que vous êtes, c'est-à-dire une personne humaine avec des désirs, des limites et des peurs. Ça, c'est le véritable amour de soi.

Quelle est la différence entre l'inceste, le viol et l'abus sexuel?

On considère qu'il y a inceste lorsqu'il y a attouchements ou relations sexuelles entre un enfant et un parent (ou une personne jouant le rôle de figure parentale ou familiale). Dans le cas où il y a des attouchements ou des relations sexuelles entre, par exemple, une petite fille et le nouveau conjoint de sa mère qu'elle considère comme son père, c'est aussi considéré comme de l'inceste.

Un viol est un acte de violence par lequel une personne a des relations sexuelles avec une autre personne contre sa volonté. Il y a abus sexuel lorsque quelqu'un abuse de son autorité ou de son pouvoir pour satisfaire ses désirs sexuels. L'inceste, le viol ainsi que le harcèlement sexuel font tous partie de la catégorie des abus sexuels.

Quand un enfant naît d'une relation incestueuse entre le père et sa fille, que va vivre cet enfant?

Si l'enfant sent dès sa naissance qu'il est issu d'un péché épouvantable, qu'il a été conçu dans des circonstances inacceptables, il aura beaucoup de difficulté à s'accepter. Il est très important d'être vrai avec l'enfant le plus vite possible. Même avec un bébé, on peut expliquer et partager ce qui s'est passé. Pour quelle raison ? Pour aider cette nouvelle âme à accepter son choix de venir au monde en ces circonstances. En l'aidant à s'accepter dans son choix, cela aidera également la mère à accepter les circonstances de la naissance de son enfant. Ce n'est pas parce qu'on accepte ce genre de circonstances qu'on donne raison à ce qui est arrivé. Même si les parents ou la plupart des gens ne sont pas d'accord avec ce qui est arrivé, l'enfant est tout de même là. Aussi bien lui apprendre comment s'accepter plutôt que de lui faire vivre une vie difficile.

Ma fille vient de me dévoiler qu'elle a eu des attouchements sexuels avec son grand-père 18 ans après que ce soit arrivé. Comment réagir ?

Vous sentez-vous coupable de ne pas vous en être aperçue ? Je me suis rendue compte que dans la grande majorité des cas, la petite fille qui considère sa mère comme sa protectrice en veut à celle-ci. En général, une mère sait intuitivement qu'il se passe quelque chose mais ne veut pas vraiment se l'avouer ne sachant pas comment gérer une telle situation. Est-ce qu'il se peut que vous ayez aussi vécu quelque chose du genre quand vous étiez jeune ? Si oui et si vous aviez occulté cette partie de votre passé parce que vous ne saviez pas comment la gérer, auriez-vous pu faire face à ce que votre fille vivait ? Pour savoir si votre fille vous en veut, vous n'avez qu'à vérifier avec elle. Demandez-lui si elle souhaitait à cette époque que vous vous en rendiez compte. Si elle se demandait comment ça se faisait que vous ne voyiez rien, il serait tout à fait humain qu'elle vous en veuille. Lorsqu'on est tout jeune, il est normal d'en vouloir aux personnes qui ont contribué à nous faire vivre une blessure. Voilà pourquoi le pardon est si important. Pardonnez à vous-même et donnez le droit à votre fille d'avoir entretenue de la rancune contre vous. Vous pouvez encourager votre fille en lui disant : " *Tu sais, si tu m'en as voulu, c'est tout à fait normal.* " Vous devez vous-même vous accepter, c'est-à-dire arrêter de vous sentir coupable de ne pas avoir été consciente de cet incident.

Je travaille avec des hommes qui s'injectent des drogues et un très haut pourcentage de ces hommes ont été abusés sexuellement. Pourquoi ont-ils tant de difficulté à parler de cet abus?

Je constate qu'il est plus difficile d'évaluer l'ampleur de ce problème chez les hommes car un bon nombre en gardent le secret. Ils se disent qu'un homme devrait être capable de se défendre. Beaucoup plus d'hommes qu'on se l'imagine ont été abusés sexuellement par d'autres hommes lorsqu'ils étaient jeunes, ou par des femmes, comme une gardienne, une tante, etc. L'homme abusé a peur d'être perçu comme un faible et il craint le jugement des autres à l'effet qu'il s'est laissé faire. Leur ego a beaucoup de difficulté avec cela. Un autre facteur empêchant l'homme de se révéler est qu'il n'a pas été habitué à s'exprimer, à démontrer ses sentiments, ses douleurs, ses peines et ses peurs. Cela fait partie de notre culture. Comme ils gardent le silence, leur douleur est plus grande puisqu'elle est vécue dans l'isolement. Fuire dans la drogue ou dans l'alcool est donc souvent une solution pour les gens qui souffrent beaucoup. Ça les éloigne de la souffrance momentanément.

J'ai été violée à l'âge de huit ans. Depuis ce temps, plusieurs hommes, incluant mon frère et mon cousin m'ont touché et se sont masturbés devant moi et ce, à plusieurs reprises. Ensuite, j'ai vécu pendant six ans avec un homme qui me forçait à avoir des

relations sexuelles. Comment arriver à apprendre à aimer véritablement un homme et à avoir une vraie relation sexuelle sans penser à tous ces viols? Est-il possible d'arriver à pardonner à ces gens?

Vous n'êtes pas la seule à vivre ce genre de situation. Cela arrive aussi à des milliers d'autres personnes à travers le monde. Il est fréquent qu'une personne qui ait été violée voit le même scénario se produire à plus d'une reprise. J'ai pu observer, depuis que j'ai commencé à donner des ateliers, qu'une personne qui vit une situation pénible, peu importe le domaine, a souvent un grand besoin au niveau de l'âme de régler quelque chose d'important. C'est pourquoi cette situation se répète sans cesse. Selon moi, il est fort probable que vous traîniez ce problème depuis plusieurs vies.

Pour répondre à votre question, oui, il est possible d'arriver à pardonner. Il est certain que plus le problème est sérieux, plus c'est difficile. Mais quelle belle victoire lorsque vous y arriverez ! Même si le pardon envers chaque abuseur est absolument nécessaire, vous n'avez pas à aller voir chacun individuellement. Faites votre pardon à l'intérieur de vous en suivant les étapes du pardon véritable. Ce qui semble le plus difficile dans les cas d'abus sexuels, c'est d'accepter que les victimes ont attiré ce genre de situation. C'est encore plus difficile dans les cas où un homme abuse un enfant. On se dit que l'enfant ne peut pas être responsable, qu'il ne cherche pas à être abusé. Je ne suis pas en train de dire que vous êtes coupable de ce qui vous est arrivé. Tout cela est inconscient ; ça se passe au niveau de l'âme. Une partie en vous a besoin de comprendre et de régler quelque chose au niveau de la sexualité. Supposons, par exemple, que vous ayez vous-même été un abuseur sexuel dans une vie précédente et que vous ne vous êtes pas pardonné d'avoir eu un tel comportement à ce moment-là. C'est pour vous permettre de faire ce pardon que vous vous attirez dans une vie suivante, une situation telle que la vôtre. Ces choix sont faits avant la naissance. La seule raison pour laquelle nous sommes sur la planète Terre est d'arriver à vivre toutes sortes d'expériences, sans se juger. Même si ce sont des expériences que nous jugeons mauvaises et anormales, nous devons apprendre à les utiliser pour apprendre à s'aimer davantage et se pardonner. Il ne sera peut-être pas évident d'accepter et de pardonner aux personnes qui vous ont abusée sexuellement. Pour vous aider, prenez conscience que ces personnes ont été abusées, tout comme vous, et qu'elles ne connaissaient pas mieux. Elles ont perdu le contrôle et sont fort probablement immatures sexuellement. Il ne s'agit pas d'être d'accord et de leur donner raison pour autant : vous leur pardonnez afin de passer à une autre étape dans votre vie. N'oubliez surtout pas l'étape la plus importante : vous pardonner d'avoir jugé ces personnes et de vous avoir jugée vous-même. Vous avez peut-être cru que c'était de votre faute parce que vous étiez trop " sexy ". Vous vous accusez peut-être de ne pas avoir été capable de vous défendre. Quand la paix intérieure sera atteinte face à ces abus, il vous sera beaucoup plus facile d'arriver à aimer véritablement un homme et ainsi vivre une relation sexuelle harmonieuse.

Je suis grand-mère d'une petite-fille qui nous a avoué, à sa mère et moi, que son père lui fait des

attouchements sexuels. Sa mère ne veut pas la croire. Vous dites que dans la vie, on doit lâcher prise et ne pas vouloir changer les autres. Est-ce que cela veut dire que je dois laisser faire son père et ne rien faire pour ma petite-fille?

Quand je parle de lâcher prise ou que je suggère ne pas essayer de changer les autres, je ne dis pas de **laisser faire** les autres ; on doit accepter les gens dans ce qu'ils **sont** mais pas nécessairement dans tout ce qu'ils **font**. Je sens que votre intention est bonne et que vous voulez absolument aider votre petite-fille. Il est important de vérifier à nouveau avec elle si elle veut vraiment que vous fassiez quelque chose. J'imagine que oui, puisqu'elle a pris le temps de vous en parler à toutes les deux. C'est sûrement parce qu'elle veut que cette situation s'arrête. Si elle veut votre aide, vous devez vous adresser aux organismes qui s'occupent des cas d'inceste et leur raconter ce qui se passe. Demandez-leur conseil sur ce que vous pouvez faire en tant que grand-mère.

J'ai vécu l'inceste avec mon père à partir de l'âge de douze ans. Aujourd'hui, je n'ose pas prendre affectueusement mon fils dans mes bras. Pourrait-il lui aussi devenir un père incestueux?

La seule chose qui réussisse à couper ce cercle vicieux est le pardon véritable. Votre attention doit être concentrée là-dessus. Vous saurez que le pardon est véritablement accompli et que vous êtes libre de tout jugement lorsque vous serez capable de parler ouvertement et facilement de ce que vous avez vécu, sans honte et sans culpabilité à votre fils, à votre conjoint ou à d'autres personnes proches de vous. Si vous aviez été le fils d'un père incestueux, probablement que vous auriez eu des tendances incestueuses, et votre fils aussi une fois devenu adulte. Par contre, la femme qui a eu un père incestueux va plutôt s'attirer, en général, un homme ayant les mêmes tendances que son père. Cela serait peut-être à discuter avec votre mari. Votre conjoint est-il au courant de ce que vous avez vécu avec votre père ? Il serait important que tout cela soit tiré au clair. Une telle ouverture aide à dissiper la honte et la culpabilité qui ressortent toujours dans de telles expériences. Plus vous vivez cette situation dans la honte et en cachette, plus il y a de chances que votre fils soit marqué par cela et qu'il ait des difficultés plus tard au niveau sexuel. Il serait donc très important que vous expliquiez surtout à votre fils, la retenue que vous avez face à lui.

Pourquoi l'inceste entre le père et la fille est-il si mal ? N'est-ce pas la société qui nous met dans la tête que c'est honteux ? Ne peut-on imaginer une société où cet acte serait considéré comme un échange d'amour, un apprentissage de la sexualité?

Il existe effectivement certaines sociétés, certaines tribus où l'inceste entre le père et la fille est encore permis. Par contre, cet acte est vraiment fait dans l'amour et non dans l'agressivité. Le père doit être le premier à faire l'amour à sa fille. En général, dans ces sociétés, c'est avant le mariage de la fille que le père fait l'amour avec elle afin de la préparer pour son futur conjoint. Cependant, ce genre de coutume est de moins en moins accepté sur la Planète.

Un incestueux peut-il devenir un violeur?

Si cela arrive, ce doit être très rare. Je n'ai jamais vu une personne incestueuse devenir un violeur.

Dans le traitement de l'inceste, que peut faire la prière?

La prière peut toujours aider si elle est faite de la bonne façon. Lorsqu'on prie, on devrait toujours se demander : " *Est-ce que je prie par peur de quelque chose ou par amour pour quelqu'un ?* " Lorsqu'une personne prie parce qu'elle a peur de quelque chose, elle met encore plus d'énergie sur l'objet de sa peur. Ce qu'elle redoute se produira parce que ses pensées sont concentrées dessus. Elle pense prier mais en réalité elle se fait peur.

Dans votre question, je me demande si vous parlez de la personne incestueuse qui prie ou des personnes de la famille qui prient pour la personne incestueuse. Quel que soit le cas, la vraie prière est une projection mentale qu'on envoie à une personne, en lui souhaitant de s'en sortir, d'être heureuse et de vivre dans la paix intérieure. On prie pour qu'elle retrouve sa route et pour qu'elle revienne dans l'amour. C'est ce genre de prière qui peut aider.

Qu'est-ce qui peut pousser deux adolescentes à accuser leur père d'inceste, soutenues en cela par leur mère, alors que ce n'est que mensonge et fabulation?

Si c'est vraiment un mensonge, il ne sert à rien d'en vouloir aux deux filles et à leur mère parce que la loi du retour existe et verra à rendre justice. Elle s'occupera d'elles. Si elles accusent injustement quelqu'un, un jour elles seront elles-mêmes accusées injustement. Nous récoltons tous ce que nous semons. Cette loi est incontournable. Ça ne donne rien d'en vouloir à quelqu'un et de vouloir les punir. Si c'est votre cas, c'est inutile car vous vous faites du mal. Le père qui se fait accuser injustement doit regarder ce qui le dérange dans cette situation. Qu'est-ce que ça lui fait vivre ? De quoi a-t-il peur ? Cette expérience va l'aider à découvrir un aspect de lui qu'il n'accepte pas. S'il se sent trahi, ou qu'il vit cela comme une injustice, du rejet ou autre, il doit accepter le fait qu'il attire cela dans sa vie pour une raison précise. Comme il vit cette situation avec trois femmes importantes dans sa vie, il a probablement vécu la même chose avec sa mère. Il a besoin d'apprendre à accepter et à faire le pardon avec sa mère. Du même coup, il fera le pardon automatiquement avec ses deux filles et sa femme. Rien n'arrive par hasard dans la vie. Je sais qu'il n'est pas facile d'accepter ce genre de réponse, surtout pour la personne qui subit cette accusation. Il est toujours plus facile d'accuser les autres. C'est notre ego qui veut toujours que ce soit la faute des autres. Mais ça ne règle rien. Je suis persuadée que quelle que soit l'expérience, c'est toujours une partie de nous qui l'attire pour nous permettre de devenir plus conscient. Ce qu'on ne veut pas voir à l'intérieur, on se l'attire toujours à l'extérieur. Voilà ce que j'appelle " prendre sa responsabilité à 100% dans la vie. "

On ne parle pas beaucoup de l'inceste entre le garçon et sa mère. Est-ce parce que ça n'existe pas?

L'inceste entre le garçon et sa mère existe mais il est très rare qu'il y ait acte sexuel complet. Les jeux incestueux sont plus fréquents que l'inceste consommé. Par exemple, certaines femmes s'amusent à encourager leur petit garçon à aller en dessous de leur jupe. Elles vont parfois faire des attouchements au petit garçon, sous prétexte de le laver, mais elles le lavent plus longtemps que nécessaire. En psychologie, on dit par contre que l'inceste entre le garçon et sa mère est beaucoup plus traumatisant que l'inceste entre la fille et son père, étant donné que le lien entre un enfant et sa mère est différent. C'est un lien spécial parce que l'enfant sort du ventre de sa mère. Le garçon qui désire faire ou a déjà fait l'amour avec sa mère éprouvera de grandes difficultés au niveau de son identité. C'est comme s'il se perdait, comme s'il n'était plus là car il est entré à nouveau dans sa mère. C'est pour cette raison que l'inceste entre en garçon et sa mère nécessite plus d'attention, plus de thérapie privée.

Comment expliquer le fait que je pense avoir subi une agression sexuelle de la part de mon père quand j'étais petite mais qu'il ne m'en reste aucun souvenir précis ? Est-ce réellement arrivé ou est-ce mon propre désir face à mon père?

Il se peut que ce soit l'un ou l'autre. Si vous ne voyez pas encore cet incident en vous, si votre mémoire l'a occulté jusqu'à maintenant, c'est peut-être parce que c'est au-delà de vos limites de le voir. Je suggère toujours de ne rien forcer. Par contre, vous pourrez dire à votre inconscient, lorsque vous vous sentirez prête : “ *Je me sens prête maintenant à savoir la vérité. Si vraiment je suis prête, je demande à mon Dieu intérieur d'ouvrir la petite case dans ma mémoire que j'ai fermée, pour enfin voir l'incident tel qu'il est arrivé.* " Imaginez que c'est vrai... Vous sentez-vous capable de pouvoir pardonner à votre père et de vous pardonner à vous-même ? Pratiquer le pardon intérieur est un moyen d'ouvrir la porte de votre mémoire, vu que le pardon rend les situations moins douloureuses à vivre. Entre-temps, ne vous en faites pas outre mesure. Il n'est pas bon de forcer sa mémoire lorsqu'on n'est pas prêt.

Mon père a commis l'inceste avec moi et je lui ai pardonné. Toutefois il a maintenant les mêmes désirs envers mon bébé, une petite fille de six mois. Mon père refuse tout traitement pour se faire aider. Est-ce que je dois arrêter de le voir afin de protéger mon enfant?

Si vous avez vraiment pardonné à votre père et que vous vous êtes pardonnée en passant par toutes les étapes du pardon, vous devriez être capable de lui parler très ouvertement de ce qui se passe. Expliquez-lui comment vous vivez cela, ce que vous ressentez et faites-lui part de votre questionnement : " *J'ai décidé que je veux protéger ma petite fille. Qu'est-ce que je fais ? Est-ce que je dois arrêter de t'inviter et de te voir ? Comment te sens-tu avec tes désirs pour elle ? As-tu l'impression que tu ne pourrais pas te contrôler ?* " Rien de mieux qu'une bonne discussion ouverte et objective ! Si vous ne pouvez pas le faire, si vous avez encore peur de lui, peur de lui parler, peur qu'il vous juge dans ce que vous dites et peur de sa réaction, c'est que le pardon n'est pas encore complètement fait. Si tel est le cas, cet incident se présente dans votre vie dans le but de vous aider à compléter votre pardon.

Partie 7: Les malaises et les maladies

J'ai tellement abusé de la sexualité qu'aujourd'hui, je me retrouve presque toujours impuissant. Comment faire pour renverser cette situation ?

Ce n'est pas nécessairement parce que vous avez abusé de la sexualité qu'aujourd'hui vous êtes impuissant! Il existe un lien seulement si vous avez entretenu la croyance qu'une personne qui abuse et profite trop de la sexualité, finit un jour par devenir impuissante. C'est assez pour l'être si vous avez entretenu cette croyance. Pour plus de précision, voici un extrait de mon livre “ *Ton corps dit : Aime-toi !* ” traitant de l'impuissance.

“ Chaque homme a été, est ou sera impuissant à une heure quelconque de sa vie; l'érection est en effet un phénomène fragile. Lorsque cela se produit, ça ne doit pas être dramatisé ou ridiculisé. Au contraire, il s'agit seulement de vérifier dans quelle situation, précédant son expérience d'impuissance sexuelle, cet homme s'est senti impuissant. Une perte d'érection à répétition avec la même femme peut venir du fait que cette femme soit devenue la mère de cet homme dans ses rapports avec lui ou que cet homme veuille s'assurer de ne pas souiller la femme aimée. Il se peut aussi que ce soit un moyen inconscient utilisé pour satisfaire le désir de priver sa partenaire.

Cette impuissance sexuelle est là dans votre vie pour vous montrer que vous vous croyez impuissant face à une situation, dans un autre domaine, et que cette croyance n'est pas bénéfique pour vous. Il arrive fréquemment qu'une personne se sente impuissante parce qu'elle veut trop pour quelqu'un d'autre; elle aurait intérêt à laisser les autres régler leurs propres problèmes.

Si vous souffrez d'impuissance à cause d'une mauvaise expérience sexuelle antérieure, votre corps vous dit qu'il n'est pas bon pour vous de continuer à croire que si cette expérience vous est déjà arrivée une fois, qu'elle continuera de se répéter. Seulement vous, en y croyant, peux continuer à la manifester. On dit bien qu'il nous arrive toujours ce à quoi nous croyons.

Si vous utilisez l'impuissance sexuelle pour priver votre partenaire, sachez que c'est vous que vous privez car en vous bloquant physiquement, vous bloquez aussi votre énergie de créativité. Cette attitude ne fait que nourrir votre ego et non vos relations. "

Le sida peut-il être un message du corps? Le virus est-il aussi redoutable qu'on le prétend?

Le SIDA ou SYNDROME D'IMMUNODÉFICIENCE ACQUISE présente les symptômes de 25 maladies. De nombreux livres ont été écrits par des scientifiques américains et européens sur cette maladie. Le sida semble faire l'objet d'une grande controverse. En effet, si un patient n'est pas séropositif mais qu'il souffre par exemple d'un cancer, de rhumatisme articulaire, d'un sarcome, d'une pneumonie, s'il a la diarrhée, est atteint de démence, de mycoses, de tuberculose, a la fièvre, une éruption herpétique, toutes sortes de symptômes neurologiques ou de déficiences, alors il n'y a pas de quoi s'affoler, car ce sont des maladies courantes et tout à fait normales (selon les conceptions en vigueur jusqu'ici). Mais il suffit que la même personne soit séropositive pour que tous ces symptômes deviennent soudainement “sidatiques”.

Il est important de savoir que la SÉROPOSITIVITÉ n’est pas le SIDA. Une personne séropositive est celle dont le test sanguin indique la présence d’anticorps HIV (Human Immunodeficiency Virus). On dit que 99% des séropositifs ne présentent aucun des symptômes du SIDA.

Le sida a un lien direct avec l’amour de soi. Cette maladie se manifeste chez une personne qui ne s’aime pas et qui surtout n’accepte pas son sexe. Elle aurait préféré naître du sexe opposé. Cette maladie est présente chez les hétérosexuels comme chez les homosexuels. En certaines parties de la planète, telles l’Afrique, l’Asie et les Indes, c’est la population hétérosexuelle qui est la plus atteinte à cause de la prostitution et des relations sexuelles non protégées. De plus en plus de bébés naissent avec le SIDA.

Plusieurs croient que c’est une maladie sexuelle, mais c’est plutôt la maladie de ceux qui, ne s’aimant pas, sont portés à compenser au niveau sexuel pour se donner l’illusion d’être aimés et acceptés par les autres. Ils deviennent très dépendants. Ces personnes, vivant de la culpabilité et de la déception face à elles-mêmes, se dévalorisent. Elles sont souvent déçues dans leur vie. La maladie devient, pour ces personnes, une façon de se punir, espérant ainsi neutraliser leur culpabilité. Elles se punissent en se bloquant au niveau de leurs rapports sexuels, moyen qu’elles utilisent le plus pour se sentir aimées.

Cette maladie n'est pas mortelle si la personne affectée veut bien arrêter de croire qu'elle ne mérite pas de vivre. Elle doit accepter l'idée que chaque déception vécue, et qu'elle croit injuste, est causée par trop d'attentes, entre autres celles d'être aimée des autres. Si elle veut être aimée, c'est parce qu'elle ne croit pas assez en sa valeur, à l'être extraordinaire qu'elle EST.

Le message envoyé par le corps à la personne affectée est qu'il est devenu urgent de commencer à s'aimer telle qu'elle est, avec son grand cœur rempli d'amour. En effet, il est remarquable de constater que la personne sidéenne a souvent un cœur tellement grand qu'elle peut aimer le monde entier sans problèmes. Elle n'a qu'à reprendre contact avec ce grand cœur qui l'habite et l'utiliser pour s'aimer telle qu'elle est, avec le sexe qu'elle a choisi avant de naître. Au plus profond de son âme, une raison importante et majeure l'a fait choisir ce sexe pour son incarnation. Même si son choix n'a pas plu à certains (ses parents par exemple), il n'en demeure pas moins qu'eux aussi ont une leçon à apprendre et des expériences à vivre dans l'amour face à ce choix. L'important, c'est de voir à sa propre évolution et de grandir dans l'amour, la seule raison d'être de tous les humains sur cette Terre.

Est-ce que les problèmes de ménopause tels que les bouffées de chaleur, les maux de tête et la baisse de libido sexuelle ont un lien avec une sexualité mal vécue?

Il peut y avoir un lien indirect bien que ce lien soit au niveau de la créativité et non au niveau de la sexualité proprement dite. Voici la définition métaphysique des problèmes de ménopause, extraite de mon *livre " Ton corps dit : Aime-toi ! "*

"La ménopause est une transition naturelle dans le parcours de vie d'une femme. Celle qui éprouve des problèmes reliés à la ménopause accepte mal de vieillir. De plus, comme ses années de reproduction se terminent avec la ménopause, cette femme accepte difficilement la fin d'une des fonctions féminines très importantes. Elle doit passer de la procréation à la création pour elle-même, c'est-à-dire qu'elle doit utiliser davantage son principe masculin afin de vivre ce passage de façon facile et confortable. Celle qui a de la difficulté à accepter le principe masculin en elle a plus de difficulté à bien vivre sa ménopause.

Plus la période de ménopause est difficile, plus le corps essaie de dire de ne pas avoir peur de faire la transition vers la vieillesse. Ce n'est pas parce que le corps est moins performant que la personne ne peut plus créer sa vie. On doit réviser la définition de la vieillesse. Vieillir ne veut pas dire mourir, devenir invalide ou impuissante, être indésirable et se retrouver seule, ou être inutile et ne plus pouvoir passer à l'action vers quelque chose de nouveau. Avec l'âge, une personne devient en général beaucoup plus sage parce qu'elle est plus expérimentée et a beaucoup plus de " cordes à son arc " pour faire face à toute situation.

La femme qui vit difficilement la ménopause doit se permettre de vouloir désormais créer pour elle. En général, avant la ménopause, la femme est occupée à procréer et créer pour les autres. C'est maintenant son tour. Créer pour elle, en utilisant son principe masculin, c'est prendre le temps de réfléchir, prendre des décisions dans le calme et se donner davantage le temps d'être seule avec elle-même."

De plus rien n'empêche de prendre des médicaments ou de se faire aider par la médecine traditionnelle ou alternative. Je trouve que grâce à tous les progrès effectués dans ces médecines, on peut trouver d'excellents produits pouvant aider au niveau physique lors de cette transition. Par contre, il n'appartient qu'à la personne de faire ses processus aux niveaux émotionnel, mental et spirituel.

Pourquoi mes sécrétions vaginales sont-elles parfois liquides plutôt que crémeuses lorsque je fais l'amour ? Je trouve cela irritant par la suite.

Au moment où vous commencez à être irritée, demandez-vous si vous aviez vraiment le goût de faire l'amour, si vous aviez du désir en vous. Si vous vous sentiez plutôt irritée à l'idée de faire l'amour, vérifiez ce qui vous irrite vraiment. Est-ce dans la façon de faire l'amour ? Est-ce autre chose ? Une fois que vous aurez fait le rapprochement, il ne vous restera qu'à y faire face en acceptant l'idée que si vous êtes irritée, cela vient toujours de votre façon de voir les choses. L'irritation est une perception mentale. Notre ego voudrait bien croire que c'est la faute de l'autre, d'un facteur extérieur, mais en réalité, cela vient toujours et uniquement de notre façon de voir les choses.

J'ai près de 60 ans et depuis ma séparation je sens des douleurs à la prostate et je me sens souvent fatigué. Pouvez-vous me donner plus de détails sur ce point ?

Pour bien comprendre ce qui vous arrive et ce que vous pouvez faire avec ce problème, voici la signification métaphysique des problèmes de la prostate.

“ Cette glande est le lien entre le corps humain et le centre d’énergie (chakra) SACRÉ qui est l’énergie du pouvoir de créer. Les problèmes de prostate sont beaucoup plus fréquents après l’âge de 50 ans. Ils indiquent à celui qui en souffre qu’il se laisse déranger par une situation dans laquelle il vit de l’impuissance, une situation qu’il ne peut contrôler à sa guise. Il devient las de la vie. Ces problèmes lui indiquent qu’il ne peut tout contrôler dans la vie et que parfois, l’Univers nous envoie des situations pour nous aider à lâcher prise afin de mieux créer autre chose. Lorsque l’homme éprouve un sentiment d’impuissance, il vit en même temps une baisse de libido. Cette baisse est tout simplement un reflet de ce qui se passe à l’intérieur de lui.

Votre problème de prostate a pour but de vous aider à reprendre contact avec votre pouvoir de créer votre vie. Arrêtez de croire que, parce que vous prenez de l’âge, vous êtes moins puissant et moins capable de créer du nouveau dans votre vie. Il est vrai que le corps s’use avec le temps et cela est tout à fait naturel. Voilà l’occasion idéale pour utiliser toutes les forces émotionnelles et mentales que vous avez développées au fil des années afin de créer autre chose et vous laisser aider physiquement par des plus jeunes. Vous devez cesser de croire que parce que vous décidez de déléguer, vous perdez de la valeur. Au contraire, cela s’appelle de la sagesse.”

Pouvons-nous utiliser l'énergie sexuelle pour guérir ou aider les gens à guérir?

L'énergie sexuelle n'est pas nécessairement une énergie de guérison mais plutôt une énergie de créativité. Je ne crois pas qu'une personne puisse vraiment guérir quelqu'un d'autre. Croire qu'on peut guérir quelqu'un d'autre avec notre énergie (sexuelle ou autre) est un bon moyen pour enfler notre ego.

Est-ce vrai que le diabète a une influence sur la sexualité?

Le diabète n'est pas une maladie reliée à l'aspect sexuel. C'est plutôt une maladie du corps émotionnel ayant un lien direct avec les désirs. La personne qui fait du diabète est le genre qui ne se donne pas trop de douceurs parce qu'elle est trop occupée à vouloir faire plaisir aux autres. Elle s'empêche de manifester ses propres désirs ou de réaliser qu'elle a des désirs pour elle-même. Elle agit comme si elle n'avait pas le droit d'avoir des désirs pour elle ou de se faire trop plaisir. À cause de ses désirs sexuels qu'elle ignore, cela affecte indirectement sa vie sexuelle.

Pouvez-vous m'expliquer l'herpès génital?

Voici un extrait de mon livre " *Ton Corps dit : Aime-toi* " concernant l'herpès génital. Vous y trouverez de bonnes réponses au niveau métaphysique.

" Cette maladie provient de culpabilités sexuelles. La personne atteinte veut se punir d'avoir mal utilisé ses organes génitaux. C'est une personne qui a des désirs sexuels mais ses notions de bien et de mal, très ancrées en elle, mènent sa vie sexuelle. Il arrive fréquemment que les personnes souffrant d'herpès génital en rejettent la faute sur quelqu'un d'autre plutôt que d'affronter leurs propres désirs.

Les douleurs provenant de l'herpès représentent les douleurs dues à votre attitude mentale face à votre vie sexuelle. Vous avez grand intérêt à vous donner le droit d'avoir des désirs et de réviser votre éducation sexuelle. Cette dernière vous empêche d'être vous-même et vous fait vivre une certaine retenue sexuelle. Lorsqu'une petite voix en vous vous dit que c'est mal, devenez conscient que cela vient de votre éducation et que ça représente les croyances de quelqu'un d'autre. Vous devez décider une fois pour toutes si vous voulez continuer à entretenir les mêmes croyances. De plus, en empêchant votre sexualité de s'exprimer, vous empêchez votre capacité de créer de se manifester pleinement. Les deux sont intimement reliés car l'énergie sexuelle représente votre pouvoir de créer. "

Vous semblez dire qu'on ne peut pas attraper une maladie d'une autre personne, c'est-à-dire que les maladies sexuelles ne sont pas transmissibles. Ai-je bien compris?

Que l'on parle de maladies sexuelles ou autres, ma façon de voir les choses à ce niveau est la même. Je ne crois pas aux maladies contagieuses. Je crois qu'il y a seulement des personnes ayant les mêmes choses à régler. Sinon, dès qu'une personne aurait un rhume par exemple, tout le monde l'attraperait. On ne peut pas vraiment savoir d'avance si, au contact de quelqu'un d'autre, cela viendra réveiller des choses en nous qui nous donneront la même maladie. En partant de l'idée que chaque maladie a un sens métaphysique propre à elle-même, le fait d'être affecté par une maladie en particulier indique le domaine de notre vie où nous devons ajuster notre façon de penser. Prenons l'exemple du sida. Si quelqu'un ayant les mêmes blessures et problèmes à régler fait l'amour avec une personne atteinte de sida, il risque de se retrouver avec la même maladie. Ce n'est pas un hasard si ces deux personnes se sont rencontrées. Croire qu'on a attrapé une maladie de quelqu'un d'autre nous empêche de faire nos processus intérieurs. Il faut voir chaque maladie comme un cadeau que nous créons dans notre vie pour nous aider à devenir plus conscients des choses qu'on ne veut pas voir en nous. Tant que nous ne sommes pas vraiment clairs avec nous-mêmes et que nous ne sommes pas convaincus d'avoir fait tous nos processus, il est plus sage d'éviter de faire l'amour avec les gens ayant des maladies dites " transmissibles ". Il faut aussi se méfier des croyances populaires. Une croyance entretenue par des milliers, voire des millions de personnes peut influencer les gens énormément. Le simple fait de croire qu'on va attraper une maladie suffit pour la créer. C'est ainsi qu'on se crée une maladie de façon mentale.

Comment expliquer que certaines personnes ne deviennent pas séropositives après avoir eu des relations sexuelles avec une personne atteinte du sida?

La réponse à la question précédente vous éclairera à ce sujet.

Vous dites que le sida touche les personnes vivant une profonde culpabilité sexuelle. Que pensez-vous de celles qui sont atteintes par transfusion sanguine?

Elles ont le même message à comprendre, sauf qu'il sera peut-être plus difficile pour ces personnes de prendre la responsabilité de ce qui leur arrive. Il serait tellement plus facile de mettre tout le blâme sur les banques de sang, ceux qui ont fait la transfusion, etc. Blâmer les autres permet d'éviter de prendre notre part de responsabilité. Ça fait très plaisir à l'ego qui cherche toujours à accuser l'extérieur pour ce qui arrive.

J'ai souvent des infections et irritations gynécologiques sans cause apparente. Je n'arrive pas à trouver la cause de ces malaises. Pouvez-vous m'aider?

Une infection est signe de fragilité dans le domaine ayant un lien avec la partie du corps affectée. La personne atteinte se laisse facilement envahir par des pensées, des paroles ou des gestes venant des autres, qui ne lui conviennent pas et qui la brûlent. Elle ne reconnaît pas sa force et sa capacité de s'affirmer. Une infection peut aussi se produire chez une personne défaitiste ou pessimiste qui pense: "Qu'est-ce que ça donne?" Elle ne se bat plus. On dit aussi que quelque chose ou quelqu'un qui est infect est particulièrement répugnant. Se peut-il que vous vous accusiez d'être répugnant ou ignoble en ce moment?

Vous n'avez pas à vous laisser agresser par les autres. C'est votre peur de l'agression qui vous met en contact avec des personnes ou des circonstances que vous trouvez agressantes. Il est plus que probable que ce que vous appellez agressant n'existe pas dans la façon de voir de l'agresseur. Vous avez surtout à reprendre contact avec votre force intérieure et à arrêter de croire que vous devez vous montrer vulnérable, faible ou fragile pour avoir de l'attention ou de l'amour. Vous avez beaucoup plus de force que vous ne le croyez. Si vous vous accusez d'être répugnant ou ignoble, je vous suggère de réviser votre définition de ces mots et de réaliser que vous n'êtes pas juste envers vous-même.

Quel message mon corps essaie-t-il de me donner par des règles très douloureuses à chaque mois?

Voici un extrait du livre " *Ton Corps dit: Aime-toi!* " sur les problèmes de menstruation. Cela devrait vous aider.

" Un problème de menstruation chez la femme indique que celle-ci a de la difficulté à accepter sa féminité. Surtout depuis son adolescence, elle est en réaction vis-à-vis sa mère qui a été son premier modèle de femme. Cela ne veut pas dire qu'elle n'est pas féminine mais plutôt qu'elle trouve le rôle de femme peu enviable car elle doit suivre trop de règles. Elle aurait préféré, souvent inconsciemment, être un homme au point d'en vouloir aux hommes de vivre quelque chose qu'elle croit ne pas pouvoir vivre en tant que femme. Elle s'efforce souvent de jouer le rôle de l'homme dans lequel elle se sent coupable inconsciemment.

Vos problèmes de menstruation vous disent que ce que vous avez décidé étant jeune au sujet de la femme en général, n'est pas la réalité. Cette façon de voir la femme vous fait mal et nuit à votre bonheur. Le fait d'être souvent " en réaction " vous fait vivre des émotions qui viennent nuire davantage à votre paix intérieure. Vous pouvez faire ce que vous voulez, surtout que maintenant, de plus en plus de femmes jouent des rôles autrefois réservés strictement aux hommes.

Vous n'avez plus à suivre les règles apprises concernant les différences entre les rôles de la femme et de l'homme. Au lieu d'envier les hommes, vous auriez intérêt à avoir envie d'eux, ce qui vous permettrait une belle relation homme-femme. Même si vous choisissez parfois de jouer le rôle d'un homme, donnez-vous le droit d'avoir besoin de lui sans pour autant en devenir dépendante. En arrêtant de vouloir jouer tous les rôles de l'homme, il vous sera plus facile de faire une place à l'homme désiré.

Il est possible aussi que vos problèmes viennent de croyances populaires véhiculées dans votre famille. Se peut-il qu'on vous ait fait croire, étant jeune, qu'être menstruée était honteux, péché, une maladie, sale, etc.? avez-vous appris qu'il était normal d'avoir des problèmes lors de la menstruation? Si oui, il n'en tient qu'à vous de réviser vos croyances à ce sujet et d'accepter que la menstruation est une fonction non douloureuse, tout à fait naturelle et nécessaire pour la femme."

Je trouve que beaucoup trop de femmes ayant des problèmes aux organes génitaux se font faire l'hystérectomie. Est-ce que cette opération a un rapport avec la sexualité?

L'ablation de l'utérus par l'hystérectomie n'a pas vraiment de lien avec la sexualité de la femme mais plutôt avec sa partie créative. Voici la définition des problèmes à l'utérus telle que écrite dans mon livre “ *Ton Corps dit: Aime-toi!* ”.

“ Comme l’utérus est le premier lieu d’habitation du futur bébé, tout problème à cet organe a un lien avec l’accueil, le foyer, la demeure ou l’abri de quelqu’un. Lorsqu’une femme ne peut enfanter à cause d’un problème à l’utérus, son corps lui dit qu’au plus profond d’elle-même, elle veut avoir un enfant, mais qu’une peur encore plus grande que son désir l’influence au point de lui créer un blocage physique ne lui permettant pas d’enfanter. Il est possible aussi que la femme qui s’en veut de ne pas avoir bien accueilli son enfant souffre d’un problème à l’utérus.

De plus, toute femme ayant un problème d’utérus est du genre à avoir de la difficulté à prendre le temps nécessaire pour faire germer une idée nouvelle avant de la manifester concrètement. Un problème à l’utérus peut aussi survenir chez la femme qui se sent coupable de ne pas créer un assez bon foyer pour ceux qu’elle aime.

Avec un tel problème, votre corps vous dit de vérifier si la peur qui vous habite face à l’enfantement, peu importe le domaine (un enfant, un projet, etc.), est bien fondée. Puis décidez de ce que vous voulez faire avec : y faire face ou vous laisser influencer par elle. Quel que soit votre décision, vous devez vous donner le droit de prendre cette décision. De toute façon, peu importe la décision, vous n’échapperez pas aux conséquences. Donnez-vous le droit d’être humaine et vous n’avez de comptes à rendre à personne. Votre vie et vos décisions vous appartiennent.

Votre corps vous dit de plus qu'il serait préférable pour vous de prendre plus de temps avant de passer à l'action. Cela ne veut pas dire d'être moins spontanée, mais plutôt de faire preuve de plus de discernement quant au choix du moment pour agir spontanément. Donnez-vous le droit aussi d'avoir des limites. Se peut-il, de plus, que vous utilisiez l'expression : " Je ne peux pas concevoir… " dans le sens de : " Je ne comprends pas " ? Cela pourrait être suffisant pour vous empêcher de concevoir dans quelque domaine que ce soit. "

Est-ce que mes vaginites à répétition ont un lien avec le fait que je n'ai pas envie de faire l'amour avec mon mari?

Il y a en effet un lien direct. Voici un extrait de la définition métaphysique des problèmes au vagin de mon livre " *Ton corps dit : Aime-toi !* "

" La plupart des problèmes au vagin sont reliés à la vie sexuelle de la femme car ces problèmes l'empêchent surtout d'avoir des relations sexuelles. Ils indiquent à la femme qui en souffre qu'elle désire avoir une vie sexuelle plus satisfaisante, mais que sa perception de la sexualité a besoin d'être révisée. Elle se sent utilisée, manipulée sexuellement et non valorisée. La colère que vit cette femme résulte du fait qu'elle ne se donne pas le droit de désirer des relations sexuelles.

Votre corps vous dit que ce que vous avez appris ou décidé face à la sexualité ne vous est plus bénéfique. Ça l'a peut-être déjà été mais plus maintenant. Il se peut, étant une femme contrôlante, que vous croyiez vous " faire avoir " lorsque ce n'est pas vous qui décidez du moment des relations sexuelles. Au lieu de croire qu'on abuse de vous et de votre corps, ce dernier préférerait que vous vous sentiez désirée. Si vous vous sentez manipulée, reconnaissez que vous aussi vous manipulez dans d'autres domaines, et que vos intentions, tout comme celles de votre partenaire, ne sont pas méchantes.

Si votre vie sexuelle est insatisfaisante à cause d'un abus sexuel dans votre enfance, votre corps vous dit qu'il ne vous est pas bénéfique de vous bloquer car vous continuez ainsi à vivre dans les peurs du passé. Le processus de pardon est le moyen le plus rapide et efficace pour se libérer du passé. "

Je suis avec la même compagne depuis plusieurs années et, un jour, lors d'une relation sexuelle, j'ai eu une blessure. Depuis ce temps-là, la peau déchire et ça me fait mal à chaque fois. Que veut dire cette blessure?

Lorsqu'on se fait mal, peu importe où, c'est toujours un signe de culpabilité. En se faisant mal, c'est une façon pour l'humain de se punir lorsqu'il se considère coupable de quelque chose, bien qu'en réalité il ne le soit pas. Je vous suggère de regarder en quoi vous vous sentez coupable. Pour aller plus loin et trouver la cause de cette blessure qui persiste, je vous suggère d'utiliser la méthode décrite à la fin de ce livret qui vous aidera à trouver la croyance et la peur qui se cachent derrière cette blessure.

Est-ce une impression que j'ai ou y a-t-il de plus en plus de maladies vénériennes. Que veulent-elles dire?

Comme toute maladie vénérienne fait vivre de la honte à la personne infectée, la cause principale de cette maladie est donc la honte vécue face à la sexualité. Par contre, la personne infectée n'est en général pas consciente de cette honte. Voilà ce que son corps cherche à lui faire savoir par cette maladie. Une partie d'elle veut avoir une vie sexuelle active mais une autre partie veut l'en empêcher. Elle a surtout honte de se laisser influencer par les autres. Elle ne se donne pas le droit d'aimer le sexe et peut-être même d'en être dépendante. De plus, elle doute d'elle-même quant à son choix d'un partenaire sexuel.

Il est intéressant de constater qu'il semble y avoir de plus en plus de maladies vénériennes, même avec tous les progrès de la médecine pour combattre ces maladies. Elles sont là pour nous indiquer que nous devons arrêter de croire en certaines choses qui ont fait partie de notre éducation sexuelle. Avec cette maladie, le corps nous dit de vivre la sexualité comme on la veut, en se souvenant que notre corps nous appartient et que nous n'avons de comptes à rendre à personne.

Nous devons nous donner le droit de vivre des expériences sans se sentir coupable. Plus nous voulons nous contrôler et plus nous serons apte à perdre le contrôle un jour. Il est plus sage de vivre une expérience maintenant et de la vivre dans la joie et l'acceptation. Se donner le droit de vivre une expérience ne veut pas nécessairement dire qu'elle se poursuivra tout au long de sa vie. Au lieu d'entretenir des pensées de honte et d'essayer de cacher ses désirs ou ses actions, il serait plus sage de trouver quelqu'un à qui en parler et d'oser s'ouvrir davantage pour ne plus laisser la honte nous diriger.

CONCLUSION

Pour conclure ce livret, j'aimerais vous redire ceci : votre vie sexuelle est à l'image de ce qui se passe à l'intérieur de vous, elle est un baromètre. Il existe de nombreux moyens pour apprendre à se connaître davantage, pour devenir conscient de ce qui n'est pas encore vécu dans l'amour et de ce qui n'est pas accepté. Votre vie sexuelle est un de ces moyens.

Le décodage de croyances est une méthode que j'ai créée pour aider à découvrir la cause d'un problème, c'est-à-dire les croyances et peurs qui en sont à l'origine.

En voici les étapes.

Étape 1

- Notez le problème et la façon dont vous vous sentez face à celui-ci.

Étape 2

- Répondez à la question suivante: “ ***Le fait d'avoir ce problème empêche quoi dans ma vie?*** ” **Exemple** : “ *Ça m'empêche d'être bien dans ma peau* .”

(Il est possible que ça vous empêche d'**avoir**, de **faire** quelque chose ou d'**être** d'une certaine manière. Le plus important est surtout de découvrir ce que ça vous empêche d'**être**. La réponse vous permettra de découvrir un besoin de votre être, un besoin bloqué par une partie en vous qui croit que de manifester et répondre à ce besoin provoquera une situation désagréable.)

Étape 3

- Puis posez-vous la question suivante: ***“ Si je me permettais de répondre à ce besoin (qui est votre réponse à la question de l’étape 2) que pourrait-il m’arriver de désagréable dans ma vie en général? ”*** **Exemple** *: “ Si je me permettais d’être bien dans ma peau, dans ma vie en général, qu’est-ce qui pourrait m’arriver de désagréable? ”* Réponse : *“ Je me prendrais pour un autre, on serait jaloux de moi! ”*

(Prenez garde à votre ego qui voudra parfois vous laisser croire que rien de désagréable ne peut arriver puisque c’est ce que vous voulez. Vous vous jouez un tour en l’écoutant, car s’il n’y avait aucune obstruction mentale, aucune peur, vous auriez déjà ce que vous voulez ! L’humain est constamment en train de créer. Ce qui veut dire que dès que vous désirez quelque chose, vous pouvez le manifester dans votre vie. La seule façon de bloquer une création dans sa vie est d’entretenir une croyance mentale qui dit que vous ne le méritez pas, que vous n’y avez pas droit, que vous avez peur de certaines conséquences. La plupart de ces croyances sont inconscientes. Le grand pouvoir de l’humain de créer fait que, dès qu’on a un désir, on a aussi tous les moyens pour le réaliser.)

Étape 4

- Lorsque vous avez trouvé votre peur, demandez-vous : ***“ Est-ce que c’est vraiment vrai ? Est-ce que ça reflète la réalité ? Est-ce que je veux continuer à y croire ? ”*** **Exemple** : *“ Croyez-vous vraiment que si vous vous permettiez d’être bien dans votre peau, vous vous prendriez pour un* *autre ? Que les autres seraient automatiquement jaloux ? Et si oui, que vous ne sauriez pas gérer ces personnes jalouses?"*

Dans la majorité des cas, la réponse à ce genre de question est " non " ou " peut-être parfois ". Si la réponse est " oui ", sachez que vous seriez capable de gérer cette situation.

(Vérifiez à l'intérieur de vous. Toutes vos peurs et croyances viennent de décisions prises étant jeune, suite à une situation quelconque qui vous a blessé. Il est important de réaliser qu'aujourd'hui, vous n'êtes plus la même personne qu'autrefois. Ces décisions passées ne reflètent plus la réalité d'aujourd'hui. Il n'en tient qu'à vous de décider d'arrêter d'y croire pour ainsi créer de nouvelles circonstances. Sachez que lorsqu'il vous arrive de plus en plus de problèmes, c'est pour vous pousser à transformer vos croyances non bénéfiques et à abandonner certaines façons de penser qui sont dépassées.)

Si une personne veut arriver à vivre une relation sexuelle harmonieuse, elle doit elle-même se la créer. Comme dans n'importe quel autre domaine, on ne peut attendre que ça vienne des autres. Tant que l'on croit que les autres sont responsables des situations qu'on n'aime pas, rien ne change. Dès l'instant où on commence à regarder ce qui en nous attire telle situation dans notre vie, on cherche au bon endroit et on met toutes les chances de notre côté pour trouver la réponse et transformer le problème en opportunité. Il n'est jamais trop tard pour transformer une situation dans sa vie, quelle qu'elle soit.

Bonne chance !

NOTES PERSONNELLES

L'école de vie
ÉCOUTE TON CORPS
L'enseignement idéal pour un mieux-être

LES ATELIERS

ATELIERS
- ÉCOUTE TON CORPS Niveau Un *(2 jours)*
- À l'écoute de votre sexualité *(2 jours)*
- Autonomie affective *(2 jours)*
- Bien gérer le changement (½, 1, 2 ou 3 jours)
- Caractères et personnalités *(2 jours)*
- Comment apprivoiser les peurs *(2 jours)*
- Découvrir son chemin de vie *(2 jours)*
- Développer la confiance en soi *(4 jours)*
- Développer l'écoute et la communication *(4 jours)*
- Écoute Ton Âme (*2 jours*)
- Se connaître par les couleurs *(2 jours)*
- Métaphysique des malaises et maladies *(2 jours)*
- Principes féminin et masculin *(2 jours)*
- Prospérité et abondance *(2 jours)*
- S'abandonner *(2 jours)*
- Vendre avec coeur (½, 1, 2 ou 3 jours)

FORMATION
- Devenir animateur/conférencier
- Relation d'aide

BROCHURE D'ACTIVITÉS GRATUITE

1-800-361-3834 ou 450-227-4411

Vous désirez avoir un atelier dans votre région? Vous avez des capacités d'organisateur? Vous pouvez maintenant recevoir une animatrice d'Écoute Ton Corps dans votre région. Informez-vous des nombreux avantages qui vous sont offerts pour l'organisation d'un atelier.

Pour plus d'information, communiquez avec l'école de vie Écoute Ton Corps .

2sect2b.chp 98-09

Plus de 100 sujets passionnants

Conférences sur cassettes

Lise Bourbeau saura vous captiver avec les différents thèmes qu'elle aborde, vous faisant réfléchir tout en vous donnant le goût de créer votre vie plutôt que de la subir.

ÉCONOMISEZ	QUÉ.	CAN.	AUTRES PAYS
1 à 4 cassettes	13,75 $	12,79 $	11,95 $
5 à 10 cassettes ....-10%	12,38 $	11,51 $	10,75 $
11 à 20 cassettes ....-15%	1[illegible],68 $	10,86 $	10,15 $
21 cassettes et plus ....-20%	10,99 $	10,22 $	9,55 $
Prix à l'unité / taxes comprises Autres pays: Douanes et taxes locales non incluses			

(C-01) La peur, l'ennemie de l'abondance
Les peurs inconscientes qui empêchent l'abondance dans les biens, l'argent, le succès, l'amour.

(C-02) Victime ou gagnant
Comment surmonter la partie victime en vous qui vous empêche d'obtenir ce que vous voulez.

(C-03) Comment se guérir soi-même
Toutes les différentes façons de créer un malaise ou une maladie et comment apprendre à les prévenir.

(C-04) L'orgueil est-il l'ennemi premier de ton évolution?
La description du comportement d'un orgueilleux, le prix à payer quand l'orgueil domine et quoi faire pour maîtriser l'orgueil.

(C-05) Sexualité, sensualité et amour
La différence entre la sexualité, la sensualité, la passion et l'amour véritable.

(C-06) Comment être responsable sans se sentir coupable
La différence entre être responsable, se sentir coupable et être vraiment coupable. Quelle est la véritable responsabilité de chacun?

(C-07) L'énergie, comment ne pas perdre contact.
Une explication simple et pratique des centres d'énergie (chakras) et comment bien calibrer l'énergie dans chaque partie du corps.

(C-08) Le grand amour peut-il durer?
Ce qui bloque l'amour intime et la signification du "don de soi". Divers moyens pour vivre le grand amour plus longtemps.

(C-09) Comment s'aimer sans avoir besoin de sucre
Le grand scandale du sucre depuis 400 ans sur la terre. Les effets du sucre chez l'être humain. Le sucre une compensation à un manque d'amour ou de confiance en soi. Le diabète, l'hypoglycémie.

(C-10) Comment évoluer à travers les malaises et les maladies
La définition métaphysique (cause profonde) de plusieurs malaises et maladies. La différence entre soigner médicalement et soigner métaphysiquement.

(C-11) Se sentir mieux face à la mort
Pourquoi a-t-on peur de la mort? Comment se préparer pour accepter sa mort et celle de nos proches? Quel lien y a-t-il entre la peur de mourir et la peur de vivre? Qu'arrive-t-il à l'âme lors de la mort du corps physique?

(C-12) La spiritualité et la sexualité
Le développement de l'énergie sexuelle. L'influence du complexe d'Oedipe sur notre vie sexuelle. L'homosexualité, l'inceste.

(C-13) Ma douce moitié, la t.v.
L'influence de la télévision dans notre vie. Se connaître à travers les émissions regardées.

(C-14) La réincarnation volet 1
Réponses aux questions sur la réincarnation et le karma. Ce qui se passe à la mort. Le plan astral.

(C-15) La réincarnation volet 2
Les grands êtres qui gèrent la terre dans l'invisible. Les prophéties. L'ère du Verseau.

(C-16) Prospérité et abondance
Lise Bourbeau expliquera quelles attitudes bloquent l'abondance et comment développer une attitude prospère grâce à plusieurs moyens concrets. La spiritualité et l'argent peuvent-ils cohabiter? La différence entre la prospérité et l'abondance sera aussi traitée.

(C-17) Relation parent-enfant
Avec les enfants d'aujourd'hui, il est difficile d'avoir une relation harmonieuse avec eux lorsque nous utilisons les moyens appris

Bon de commande page C14

Profitez du spécial sur l'achat de 5 cassettes et plus !

de nos parents. Venez découvrir de quelle façon vous y prendre pour vous faire respecter tout en les respectant.

(C-18) Les dons psychiques

Que veut dire être psychique? Comment utiliser les dons psychiques. L'intuition. Les enfants hyperactifs, les cauchemars?

(C-19) Être vrai... c'est quoi au juste?

Pourquoi il est si difficile d'être vrai. Comment y parvenir au travail, en société, en famille, avec le conjoint, avec soi-même.

(C-20) Comment se décider et passer à l'action

Ce qui nous empêche de se décider ou de passer à l'action. Comment stimuler notre merveilleux pouvoir de créer.

(C-21) L'amour de soi

L'amour de soi, un sentiment de fierté personnelle et légitime. Pourquoi il est si difficile de s'aimer et de se sentir aimé.

(C-22) La prière, est-ce efficace?

Nos intentions quand nous prions et notre façon de prier. La différence entre une prière et une affirmation.

(C-23) Le contrôle, la maîtrise, le pouvoir.

La différence entre ces trois termes. Où, comment les utiliser et à quel prix.

(C-24) Se transformer sans douleur

Prendre le risque de se transformer malgré les peurs et les douleurs. Expérimenter une nouvelle attitude face à l'amour, à soi-même. Savoir se regarder, être vrai et s'exprimer.

(C-25) Comment s'estimer sans se comparer

Prendre conscience des ravages que la comparaison produit sur nous et comment cesser de se comparer.

(C-26) Êtes-vous prisonnier de vos dépendances?

D'où viennent les dépendances qui rendent les gens esclaves. Comment s'en libérer et devenir notre seul maître.

(C-27) Le pouvoir du pardon

Utiliser le pardon pour se libérer de rancunes. Comment le pardon apporte soulagement et guérison aux niveaux mental, émotionnel et physique.

(C-28) Comment être à l'écoute de son coeur

Le refus d'écouter son coeur pousse notre corps à nous envoyer des messages pour nous ramener sur le chemin de l'amour.

(C-29) Être gagnant en utilisant son subconscient

La différence entre le conscient, l'inconscient et le subconscient. Comment faire resurgir les informations enfouies dans l'inconscient. Comment vous laisser guider par le subconscient.

(C-30) Comment réussir à atteindre un but

Comment atteindre un but vu à travers les péripéties d'un des plus grands buts de Lise Bourbeau: enseigner l'amour.

(C-31) Rejet, abandon, solitude

Pourquoi certaines personnes se sentent rejetées? D'où vient la peur d'être abandonné? La solitude. Comment ne plus se sentir rejeté, abandonné, seul.

(C-32) Besoin, désir ou caprice

Déterminer ce qui nous rend vraiment heureux en identifiant nos vrais besoins. La différence entre désir et caprice.

(C-33) Les cadeaux de la vie

Apprendre à voir dans chaque événement les avantages, le bon côté et les messages qu'ils nous apportent.

(C-34) Jugement, critique ou accusation

Découvrir les bons aspects de la critique et comment l'utiliser pour se connaître davantage. Comment s'exprimer sans juger ou accuser l'autre.

(C-35) Retrouver sa créativité

La créativité n'est pas exclusivement pour les artistes, elle s'exprime dans bien des domaines et de bien des façons. Redécouvrir son côté créatif.

(C-36) Qui gagne, vous ou vos émotions?

Pourquoi les mêmes émotions se répètent sans cesse. Des moyens pour en devenir conscient et comment les éliminer.

(C-37) Comment aider les autres

Les différentes façons d'aider les autres. Comment vivre le détachement et demeurer efficace. Quoi faire si vous vous sentez dépassé par les problèmes de l'autre.

(C-38) Le burn-out et la dépression

Le profil psychologique des gens enclins au burn-out ou à la dépression. La différence entre les deux. Leurs causes métaphysiques et un moyen efficace pour les prévenir ou s'en guérir.

(C-39) Le principe masculin-féminin en soi

La négation d'un de ces deux principes influence notre tendance à vouloir dominer notre conjoint ou à lui être soumis. Créer l'harmonie entre les deux. Une détente dirigée pour découvrir lequel des deux principes est le plus fort en nous.

(C-40) La planète terre et ses messages

Le lien entre les messages du corps et les messages de la Terre. Que signifient les raz de marée, les ouragans, les éruptions volcaniques et autres séismes.

Commandez par téléphone pour un service RAPIDE p. C2

(C-41) Sans viande et en parfaite santé

Connaître les effets de la viande chez l'humain. Comment s'habituer à un régime sans viande tout en écoutant les besoins du corps physique.

(C-42) Développer la confiance en soi

La différence entre avoir confiance et faire confiance. Plusieurs moyens pratiques pour développer la confiance en soi.

(C-43) Comment lâcher prise

La différence entre le contrôle, le lâcher prise et la soumission. Les nombreux avantages du lâcher prise et plusieurs moyens pratiques pour y arriver.

(C-44) Les croyances inconscientes qui mènent notre vie

D'où viennent les croyances. La différence entre celles qui sont bénéfiques pour soi ou non. Se défaire des croyances qui ne nous apportent pas le résultat désiré.

(C-45) Les peurs qui nous habitent

Le pourquoi des peurs. Voir le bon côté de nos peurs et les utiliser à notre avantage. L'agoraphobie. Comment dépasser les peurs.

(C-46) Quand le perfectionnisme s'en mêle

Rechercher la perfection en arrêtant d'avoir peur de se tromper. Lien entre le perfectionnisme, l'orgueil et la peur de dire la vérité. La véritable perfection.

(C-47) Le monde astral

Ce qui se passe dans ce monde subtil et invisible. Comment il manipule l'être humain. Quoi faire pour retrouver son propre pouvoir. Comment utiliser l'énergie astrale à son avantage.

(C-48) Comment vivre le moment présent

Qu'est-ce que "vivre son moment présent", comment y parvenir. Planifier le futur sans en être prisonnier.

(C-49) Êtes-vous libre, libéré ou manipulé?

Comment arriver à la liberté. Vérifier si vous dirigez vous-même votre vie ou si vous êtes constamment manipulé. La différence entre être libre, libéré ou manipulé.

(C-50) Sais-tu qui tu es?

Lorsque vous vivez des peurs, des émotions, des doutes... vous n'êtes plus vous-même. Des moyens pratiques pour apprendre à mieux vous connaître.

(C-51) Qui est ton miroir?

La technique du miroir: le moyen le plus efficace et rapide pour apprendre à se connaître et s'aimer davantage. L'utiliser de façon constructive.

(C-52) Se connaître à travers son alimentation

Apprendre à vous connaître davantage en interprétant vos habitudes alimentaires. Pourquoi vous avez tendance à manger salé, sucré, gras ou épicé.

(C-53) Les prophéties sont-elles vraies?

Comment interpréter les différentes prédictions, comme certaines faites il y a de ça quelques siècles pour la fin du monde en l'an 2000. Ne pas avoir peur et savoir composer avec ces prophéties.

(C-54) Comment se faire plaisir

L'importance de se faire plaisir. Reconnaître ce qui vous fait réellement plaisir et comment le faire... sans vous sentir coupable!

(C-55) Les messages du poids

Découvrir les causes profondes d'un manque ou d'un surplus de poids. Découvrir l'influence et l'impact de vos croyances et de vos pensées sur votre poids.

(C-56) Les ravages de la peur face à l'amour

Découvrir les peurs qui se cachent derrière l'orgueil, la jalousie, la dépendance, la passion et plusieurs autres émotions encombrantes.

(C-57) Quoi faire avec nos attentes

Quand doit-on avoir des attentes. Comment agir quand les autres ont des attentes envers nous.

(C-58) La méditation et ses bienfaits

Tous sur les bienfaits de la méditation. Les différentes techniques et comment la pratiquer dans son quotidien.

(C-59) Comment développer le senti

Ce qu'est le "senti". Développer son senti. Les émotions qui camouflent le senti.

(C-60) Bien manger tout en se faisant plaisir

Bien manger tout en se faisant plaisir et sans vivre de la culpabilité. Quoi faire lorsqu'on a le goût de manger quelque chose dont on n'a pas vraiment besoin.

(C-61) Le couple idéal

Découvrir ce qui cause la plupart des problèmes dans une relation de couple. Des moyens pratiques pour améliorer votre relation avec votre conjoint ou un futur conjoint.

(C-62) Les besoins du corps physique et énergétique

Ce qui nuit au corps physique et énergétique. Pourquoi le manque d'énergie. Des moyens pour être en super forme physiquement et énergétiquement.

(C-63) Les besoins du corps émotionnel

L'importance du corps émotionnel, ses besoins. Les écouter pour arrêter d'être émotif, tout en restant sensible.

(C-64) Les besoins du corps mental

Comment a-t-on perdu la maîtrise du corps mental. Les besoins de ce corps , les écouter et redevenir maître de notre vie.

(C-65) Les besoins du corps spirituel

Être spirituel. La différence entre l'état spirituel, psychique et matériel. Laisser l'être

Bon de commande page C14

Profitez du spécial sur l'achat de 5 cassettes et plus !

spirituel en soi émerger pour connaître le vrai bonheur.

(C-66) Se guérir en s'aimant

Comment le fait de s'aimer véritablement peut apporter une guérison très rapide tant sur le plan physique, émotionnel que mental.

(C-67) La loi de cause à effet

Apprendre à utiliser cette loi immuable à votre avantage. Comment gérer votre karma.

(C-68) Le message caché des problèmes sexuels

Ce que révèle les problèmes sexuels. L'attitude à adopter pour les transformer.

(C-69) Comment dédramatiser

Comment vivre davantage dans la simplicité et arrêter les drames qui compliquent notre vie. Des moyens pour vivre moins d'émotions en ne dramatisant pas tout.

(C-70) Comment éviter une séparation ou la vivre dans l'amour. (partie 1)

Des moyens concrets pour éviter une séparation. Si elle devient inévitable, comment la vivre dans l'amour en limitant les répercussions sur soi ou l'entourage.

(C-71) Comment éviter une séparation ou la vivre dans l'amour. (partie 2)

Les questions et réponses qui ont suivi la conférence de Lise Bourbeau.

(C-72) Quelle attitude adopter face au cancer

Apprenez quelle attitude adopter si vous ou une personne qui vous est très chère est atteinte de cancer. De plus, venez découvrir les divers messages que cette maladie comporte.

(C-73) Recevez-vous autant que vous donnez?

Ce qu'empêche la récolte dans votre vie. Comment vous ouvrir davantage à l'abondance.

(C-74) Comment ne plus être rongé par la colère

Les effets rongeurs de la colère sur le corps physique, émotionnel et mental. Transformer une colère non bénéfique en une colère bénéfique.

(C-75) Possession, attachement et jalousie

Pourquoi devient-on trop attaché, possessif, jaloux. Comment être détaché sans avoir à renoncer à tout.

(C-76) Soyez gagnant dans la perte

Comment sortir gagnant de la perte d'un être cher ou de quelque chose de précieux. Apprendre quelque chose sur soi à travers la perte.

(C-77) Êtes-vous une personne nouvelle ou traditionnelle

La différence entre les deux. Les avantages d'adopter un mode de vie nouveau et comment y arriver.

(C-78) Dépasser ses limites sans "craquer"

Comment dépasser ses limites au niveau matériel, c'est-à-dire aux niveaux physique, émotionnel et mental, d'une façon saine et harmonieuse.

(C-79) N'ayez pas honte d'être vous-même

La cause profonde de la honte et comment elle se manifeste dans notre attitude et notre corps physique. Comment arrêter d'avoir honte en étant soi-même.

(C-80) S'épanouir et évoluer dans son milieu de travail

Comment choisir un travail qui nous convient. Pourquoi le garder ou non? Les différents moyens pour grandir, d'évoluer et de conscientiser par l'emploi que vous avez.

(C-81) Pourquoi et comment profiter de son temps

Le manque de temps est devenu un problème sérieux du monde moderne. Pourquoi le manque de temps et comment s'organiser pour mieux utiliser le temps consacré au travail, repos et jeu.

(C-82) Savez-vous vous engager?

Il ne peut y avoir de relation intime sans engagement. Comment s'engager et se désengager. Surmonter les difficultés de l'engagement.

(C-83) Accepter, est-ce se soumettre?

La différence entre l'acceptation et la soumission. Que signifie "accepter" véritablement? Les effets extraordinaires de l'acceptation. Comment atteindre l'acceptation inconditionnelle.

(C-84) Avoir des amis et les avantages de l'amitié

Pourquoi certaines personnes ont-elles des amis et d'autres non? Comment se faire des amis. La différence entre l'amitié vécue par l'homme et par la femme. Les critères d'une amitié durable.

(C-85) Vaincre ou en finir avec la timidité

D'où vient la timidité? Les symptômes physiques de la timidité. Comment faire face à ses peurs et vaincre la timidité. Comment se sortir de la timidité.

(C-86) Pourquoi et comment se réconcilier?

L'explication des différences entre les principes masculin et féminin qui sont la cause

Commandez par téléphone pour un service RAPIDE p. C2

de bien des malentendus, rancoeurs et disputes. Les avantages d'apprendre le langage de l'autre pour en arriver à bien communiquer et se réconcilier.

(C-87) La chance est-elle réservée au chanceux?

Pouvez-vous devenir plus chanceux? Est-ce que le karma ou le destin suscite ou limite la chance et la malchance? Peut-on y échapper? Révélation des secrets des gens chanceux.

(C-88) Comment les rêves peuvent vous aider.

Pourquoi vous rêver? Les messages du rêves. Comment vous pouvez utiliser les rêves pour vous guider. Qu'est-ce qu'un rêve éveillé et un rêve prémonitoire. Comment se souvenir de ses rêves.

(C-89) Comprendre et accepter l'homosexualité.

Explications de l'homosexualité. Quels sont les liens entre le complexe d'Oedipe et l'homosexualité. La différence entre l'homosexualité féminin et masculin. Comment faire face au problème de rejet associé à l'homosexualité. Comment être heureux dans l'homosexualité.

(C-90) Comment faire respecter son espace

Savoir reconnaître son "espace" et des moyens pratiques pour le faire respecter. Comment savoir lorsque quelqu'un est dans votre espace et vous dans le sien. Les bienfaits de retrouver son espace vital, autant au plan physique qu'émotionnel et mental.

(C-91) Comment utiliser votre intuition

La différence entre l'intuition, la pensée, le désir et la voyance. D'où vient l'intuition. Des moyens pratiques pour la développer et bien l'utiliser.

(C-92) Quoi faire face à l'agressivité, la colère et la violence

La différence entre l'agressivité, la colère et la violence. Pourquoi vit-on dans un monde où la violence est présente. D'où viennent l'agressivité et la violence. La colère peut-elle être utile. Quoi faire avec sa propre violence et celle des autres.

(C-93) Pourquoi y a-t-il autant d'inceste

Venez découvrir pourquoi le "pattern" de l'inceste se perpétue souvent d'une génération à l'autre. Les différentes souffrances de l'incestueux, du conjoint et de l'enfant qui en est victime. Que peut-on faire pour aider une personne victime d'inceste? L'importance du pardon face à l'inceste.

(C-94) Êtes-vous dans votre pouvoir?

Comment faire la différence entre "être dans son pouvoir" et "vouloir avoir le pouvoir sur les autres". Comment être dans son pouvoir sans déranger les autres et sans devenir orgueilleux. Comment reprendre contact avec votre puissance intérieure pour développer votre pouvoir.

(C-95) Les faux maîtres

Êtes-vous cotre propre maître ou laissez-vous certaines situations diriger votre vie? Comment en devenir conscient et quoi faire pour reprendre la maîtrise de votre vie.

(C-96) Les secrets pour rester jeune

Demeurer jeune longtemps, est-ce seulement une question de génétique ou y a-t-il d'autres causes? Comment agir lorsque le corps ne veut pas suivre les désirs. Comment rester jeune et se sentir jeune.

(C-97) Découvrez ce qui bloque vos désirs

Lise Bourbeau vous aide à découvrir les causes qui vous empêchent d'avoir ce que vous voulez. Elle vous donnera aussi des moyens pour manifester vos désirs sans peur et culpabilité.

(C-98) Découvrez la cause de vos malaises ou maladies

Cette cassette vous enseignera à décoder la cause derrière un malaise physique ou une maladie. Ceci vous permettra de découvrir la cause profonde derrière ces problèmes ou d'aider quelqu'un dans votre entourage.

C-99 Les blessures qui vous empêchent d'être vous-même

Cette conférence vous enseignera à reconnaître la ou les blessures qui vous habitent depuis très jeune et comment les guérir.

C-100 Comment bien gérer le changement

Avec la venue de l'ère du Verseau, nous devons tous faire face à plusieurs changements. Pourquoi ces changements sont nécessaires? Comment les gérer dans l'harmonie et l'acceptation plutôt que la résistance.

C-101 Les cinq obstacles à l'évolution spirituelle

Nous sommes tous confrontés à des épreuves pour vérifier si nous nous dirigeons davantage vers notre Dieu intérieur. Découvrez si vous avez bien passé à travers ces épreuves grâce à cette conférence.

C-102 L'angoisse et l'agoraphobie

Cette conférence explique les causes et les effets de l'agoraphobie d'une façon unique à Écoute Ton Corps. Lise Bourbeau vous donne des moyens concrets pour dissoudre cette grande peur qui fait de plus en plus de ravages.

C-103 Comment être à l'écoute de son corps

Votre corps est une alarme! Il reflète tout ce qui se passe à l'intérieur de vous. Apprenez, grâce à cette conférence, comment écouter les messages de votre corps pour savoir si vous êtes dans l'amour de soi.

Profitez du spécial sur l'achat de 5 cassettes et plus !

Conférences sur vidéo

Québec: *28.70$* avec taxes **Canada:** *26.70$* avec taxe **Autres Pays:** *24.95$* sans taxes

VC-01 Ton corps dit: Aime-toi!

La conférence enregistrée lors du lancement du livre Ton corps dit: Aime-toi! Cette conférence sur vidéo vous aidera à utiliser le livre du même titre de façon à en retirer le plus de bienfaits possibles.

VC-02 Comment découvrir et gérer vos croyances

Découvrez les croyances qui empêchent vos désirs de se manifester. Apprenez une technique simple pour devenir votre propre maître au lieu de laisser vos croyances du passé diriger votre vie.

VC-03 Comment être à l'écoute de son corps

Votre corps est une alarme! Il reflète tout ce qui se passe à l'intérieur de vous. Apprenez, grâce à cette conférence, comment écouter les messages de votre corps pour savoir si vous êtes dans l'amour de soi.

Cassettes de détentes dirigées et de méditations

(ETC-12) DÉTENTE DIRIGÉE "COMMUNICATION"

Côté I: Détente pour faire une demande, un partage ou un pardon avec quelqu'un. Côté II: Musique douce.

(ETC-13) DÉTENTE DIRIGÉE "PETIT ENFANT"

Côté I: Détente pour entrer en contact avec le petit enfant en soi afin de mieux accepter ses peurs et ressentir de la compassion. Côté II: Musique douce.

(ETC-14) DÉTENTE DIRIGÉE "SITUATION À CHANGER"

Côté I: Devenir conscient d'une situation pénible à vivre. Transformer votre vision en la revivant dans l'harmonie plutôt qu'avec émotion. Côté II: Musique douce.

(ETC-15) DÉTENTE DIRIGÉE "LE PARDON"
Disponible en CD

Côté I: Détente pour faire un pardon véritable avec une personne absente de votre vie ou pour se préparer à faire le pardon avec quelqu'un. Côté II: Musique douce.

(ETC-16) DÉTENTE DIRIGÉE "ABANDONNER UNE PEUR"

Côté I: Détente pour aider à lâcher prise d'une émotion, d'un stress ou d'une situation difficile à vivre. Extrait de la technique *S'abandonner*.
Côté II: Musique douce.

(ETC-17) DÉTENTE DIRIGÉE "S'OUVRIR À L'ÉTAT D'ABONDANCE"
Disponible en CD

Côté I: Détente utilisant sept étapes pour attirer plus d'abondance dans votre vie dans quelque domaine que ce soit. Côté II: Musique douce.

(ETC-33) DÉTENTE DIRIGÉE "JE SUIS"

Côté I: Détente pour devenir conscient de vos désirs et besoins dans plusieurs domaines de votre vie.
Côté II: Musique douce.

(ETC-03) MÉDITATION "JE SUIS DIEU"

Côté I: Méditation sur le mantra d'Écoute Ton Corps.
Côté II: Musique douce.

(ETC-21) MÉDITATION "NOTRE PÈRE"

Côté I: Signification métaphysique du Notre Père lu par Lise Bourbeau. La prière du Notre Père chantée par Monique Bertrand. Côté II: Méditation en trois parties: Le man-

Commandez par téléphone pour un service RAPIDE p. C2

Albums Cassettes

Dans chaque album, 4 cassettes audio pour le prix de 3!

(une économie de plus de 15$)

Québec: *40.21$* avec taxes ***Canada:*** *37.40$* avec taxe ***Autres Pays:*** *34.95$* sans taxes

Argent et Abondance (ALB01)

❶ La peur l'ennemie de l'abondance ❷ La spiritualité et l'argent
❸ Comment se décider et passer à l'action ❹ Comment réussir à atteindre un but

Confiance en Soi (ALB02)

❶ L'amour de soi ❷ Comment s'estimer sans se comparer
❸ Rejet, abandon, solitude ❹ Développer la confiance en soi

L'Amour (ALB03)

❶ Le grand amour peut-il durer? ❷ L'amour de soi
❸ Comment être à l'écoute de son coeur ❹ Comment se faire plaisir

Comment Surmonter les Peurs (ALB04)

❶ La peur, l'ennemie de l'abondance ❷ Les peurs qui nous habitent
❸ La peur de la mort ❹ Les ravages de la peur face à l'amour

L'alimentation (ALB05)

❶ Comment s'aimer sans avoir besoin de sucre ❷ Sans viande et en parfaite santé
❸ Êtes-vous prisonnier de vos dépendances?❹ Bien manger tout en se faisant plaisir

Détentes Dirigées (ALB06)

❶ Détente dirigée "Je suis" ❷ Détente dirigée "Communication"
❸ Détente dirigée "Petit enfant" ❹ Détente dirigée "Situation à changer"

Les Besoins des Corps (ALB07)

❶ Les besoins du corps physique et énergétique
❷ Les besoins du corps émotionnel ❸ Les besoins du corps mental
❹ Les besoins du corps spirituel

La Sexualité (ALB08)

❶ Les messages cachés des problèmes sexuels ❷ Le principe masculin-féminin en soi ❸ Sexualité, sensualité et amour ❹ La spiritualité et la sexualité

Les malaises et maladies (ALB09)

❶ Comment se guérir soi-même ❷ Comment évoluer à travers les malaises et maladies ❸ Se guérir en s'aimant ❹ Découvrez les causes de vos malaises et maladies.

Bon de commande page C14

De la même auteur

Des livres de chevet indispensables!

(L-01) ÉCOUTE TON CORPS, ton plus grand ami sur la Terre

Prix: ***Québec et Canada****: 18.14$ avec taxes*
Autres Pays: *16.95$ sans taxes*

Lise Bourbeau consacre sa vie à dépasser ses propres limites et à transmettre aux autres ce quelle apprend afin de les aider à atteindre ce à quoi nous aspirons tous: la joie, la paix, la sérénité, la santé, la réalisation de nos rêves et de nos aspirations. Elle met son expérience et ses connaissances au service des personnes désirant entamer et poursuivre leur recherche intérieure. Les enseignements contenus dans ce livre vous en donnent les moyens. Placés en fin de chapitre, les exercices pratiques vous aident à devenir conscient de votre façon de vous aimer et d'aimer les autres.

Traduction anglaise: (L-01a)Traduction espagnole: (L-01b)

(L-06) ÉCOUTE TON CORPS, ENCORE! (Tome 2)

Prix: ***Québec et Canada****: 18.14$ avec taxes*
Autres Pays: *16.95$ sans taxes*

Voici la suite du tout premier livre de Lise Bourbeau. Ce livre regorge de nouveaux renseignements par rapport à "l'avoir", "le faire" et "l'être". Chacune de ces sections vous aidera à découvrir ce dont vous avez besoin pour être heureux afin de faire les actions nécessaires pour avoir ce que vous désirez dans la vie. Ce livre saura vous captiver tout comme le premier!

(L-02) QUI ES-TU?

Prix: Québec et Canada: *18.14$ avec taxes*
Autres Pays: 16.95$ sans taxes

Le lecteur sera émerveillé de se reconnaître à travers ce qu'il dit, pense, voit, entend ou ressent. Même l'observation des vêtements qu'il porte et du lieu où il réside le renseigneront sur lui-même. De plus, ce livre décrit en détail la signification des formes du corps. Plusieurs malaises et maladies sont expliqués dans leur sens métaphysique, aidant ainsi à en découvrir les causes profondes. Les résultats visés sont l'auto-guérison, l'amélioration de la qualité des communications interpersonnelles et un mieux-être général.

(L-07) TON CORPS DIT: "AIME-TOI!"

Prix: Québec et Canada: *26.70$ avec taxes*
Autres Pays: 24.95$ sans taxes

Le livre de métaphysique des malaises et maladies le plus complet. Ce livre est le résultat de toutes les recherches de Lise Bourbeau sur les maladies depuis quinze ans. Elle explique dans ce livre les blocages physiques, émotionnels, mentals et spirituels de plus de 500 malaises et maladies.

Commandez par téléphone pour un service RAPIDE p. C2

(L-05) JE SUIS DIEU WOW! (Autobiographie de Lise Bourbeau)

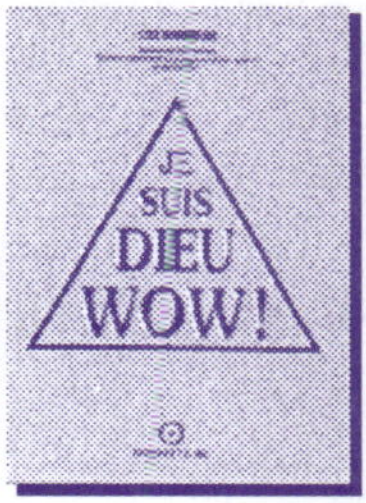

Prix: Québec et Canada: 18.14$ avec taxes
Autres Pays: 16.95$ sans taxes

Lise Bourbeau vous offre cette autobiographie au titre audacieux qui ne vous laissera pas indifférent. Elle s'y révèle entièrement. Un témoignage passionnant ainsi que plusieurs photos sur les événements de sa vie qui lui ont permis de reprendre contact avec son Dieu intérieur. Elle vous explique comment elle met en pratique dans son quotidien ce qu'elle enseigne pour arriver à un bon équilibre dans sa vie.

(L-04) AGENDA ÉCOUTE TON CORPS

Prix: Québec: *14.90$* avec taxes ***Canada:****13.86$* avec taxe
Autres Pays: *12.95$* sans taxes

Une formule originale d'un concept unique et très pratique qui contient une page par jour. Comme cet agenda n'est pas daté, vous pouvez le débuter à n'importe quelle période de l'année. De plus il contient une action à faire chaque jour pour vous aider dans votre cheminement intérieur.

La Collection ÉCOUTE TON CORPS

La Collection ÉCOUTE TON CORPS

Lise Bourbeau répond aux questions reçues lors de ses conférences et ateliers. Un thème spécifique pour chaque volume.

Prix:* Québec et Canada*:* *10.65$* avec taxes *Autres Pays: 9.95$

(LC-01) Les relations intimes

(LC-02) La responsabilité,l'engagement et la culpabilté

(LC-03) Les peurs et les croyances

(LC-04) Les relations parent-enfant

(LC-05) L'argent et l'abondance

(LC-06) Les émotions, les sentiments et le pardon

(LC-07) La sensualité et la sexualité

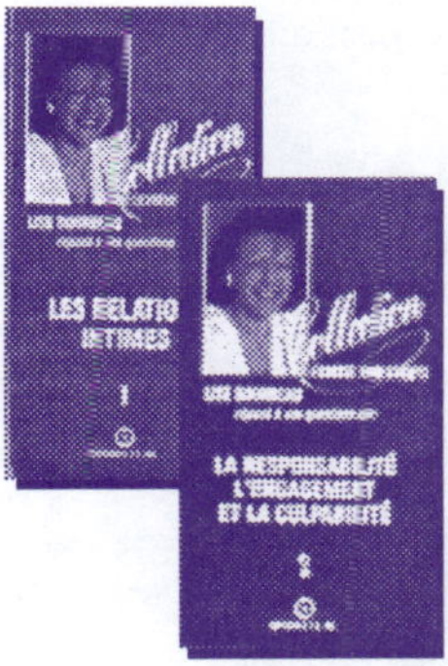

Bon de commande page C14

SPÉCIALEMENT POUR ENFANTS DE 4 ANS ET PLUS

LA COLLECTION ROUMA

Pour améliorer le développement personnel de l'enfant.

Dans les récits de la COLLECTION ROUMA, des enfants, petits et grands, se posent de sérieuses questions. Et quelle aventure le jour où ils découvrent qu'en chacun d'eux vit un grand ami qui peut réellement les aider. Ils l'appellent ROUMA ! Dans cette collection de livres pour enfants, "Rouma" représente le Dieu intérieur qui aide les enfants à trouver des solutions à leurs problèmes.

(ROU#1) LA DÉCOUVERTE DE ROUMA

Prix: ***Québec et Canada:****13.86$* avec taxe ***Autres Pays:*** *12.95$* sans taxes

Hugo ne recevra pas le cadeau pourtant promis par sa mère. Bien sûr, il comprend pourquoi. Il n'empêche qu'il est déçu !! Et frustré !!! Ne sachant trop que faire pour se calmer, il décide d'aller bouger un peu dans le parc. Mais jamais il n'aurait imaginé que cette idée allait lui porter chance.

(ROU#2) JANIE LA PETITE

Prix: ***Québec et Canada:****13.86$* avec taxe ***Autres Pays:*** *12.95$* sans taxes

Janie ne reçoit plus la visite de son grand cousin. L'année dernière, il passait souvent après l'école pour lui dire bonjour. Parfois, il restait assez longtemps pour jouer avec elle. Un jour elle le revoit enfin. Mais cela lui fait comme un choc... Martin ? Il n'est plus comme avant.

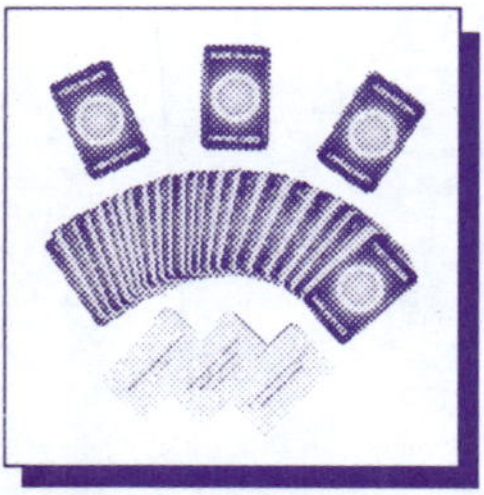

(J-01) Jeu de Cartes ÉCOUTE TON CORPS

Prix: ***Québec****: 17.20$* avec taxes ***Canada:****16.00$* avec taxe ***Autres Pays:*** *14.95$* sans taxes

Ce jeu de cartes est une continuité de l'enseignement diffusé par ÉCOUTE TON CORPS. Il vous aidera quotidiennement à devenir conscient d'une difficulté présente faisant obstacle à votre bonheur, à découvrir la croyance non bénéfique derrière cette difficulté et à vous suggérer un moyen concret pour revenir sur la route du bonheur.

- Avec la carte bleue vous deviendrez conscient d'une difficulté dans le moment présent.
- Avec la carte jaune, vous connaîtrez la peur ou la croyance qui amène cette difficulté.
- Avec la carte rouge, vous saurez quelle action faire pour transformer cette situation.

Le jeu de cartes Écoute Ton Corps, une autre opportunité pour vous aider à mettre en pratique les enseignements d'amour d'Écoute Ton Corps !

Commandez par téléphone pour un service RAPIDE p. C2

Ateliers sur cassettes

Animés par Lise Bourbeau

Enfin, des outils pratiques et efficaces pour améliorer votre qualité de vie... toujours à la portée de la main !

V-01

Le COFFRET-VIDÉO de l'atelier *"Écoute Ton Corps Niveau Un"*

Son contenu dynamique, pratique et interactif constitue l'outil idéal pour améliorer votre qualité de vie. À ce jour, ce cours a été expérimenté par plus de 20 000 personnes.

Ce COFFRET-VIDÉO comprend trios cassettes vidéo de deux heures chacune et le matériel nécessaire permettant de faire les exercices suggérés; le tout dans un beau coffret pratique pour le rangement. Voir la page 9 pour le contenu de cet atelier.

Prix: 224.30$ au Québec, 208.65$ reste du Canada (taxe/s incluse/s) ou 195$CND à l'extérieur du Canada. (taxes locales et douanes en sus). Ajouter 20$ pour les versions SECAM et PAL.

V-02

Le COFFRET-VIDÉO de l'atelier *"Écoute Ton Corps Niveau Deux"*

Enfin, un atelier qui vous permet d'approfondir davantage les notions apprises dans l'atelier *Écoute Ton Corps niveau un*. Il est structuré de façon à intensifier et rendre les résultats encore plus durables. Vous vivrez des expériences uniques chaque semaine en rapport avec les différents besoins des corps physique, émotionnel et mental et vous vous sentirez reconnecté de plus en plus à vos vrais besoins essentiels.

Prix: 201.30$ au Québec, 187.25$ reste du Canada (taxe/s incluse/s) ou 175$CND à l'extérieur du Canada. (taxes locales et douanes en sus). Ajouter 20$ pour les versions SECAM et PAL.

AA-01

Le COFFRET-AUDIO de l'atelier "Vendre avec coeur"

À l'aube du prochain millénaire, une nouvelle approche est nécessaire pour oeuvrer efficacement dans le domaine de la vente. Venez profiter des trente années d'expérience de Lise Bourbeau où elle a rencontré plus de 20 000 personnes. Cet atelier vous apportera:

- ✓ une plus grande confiance en vous-même et en votre produit;
- ✓ une méthode efficace pour aider le client à identifier son besoin sans exercer de pression;
- ✓ une technique d'écoute permettant d'accueillir le client quand il exprime ses besoins et ses objections;
- ✓ les moyens pour augmenter votre rendement sans augmenter votre stress.

Prix: 102.38$ au Québec, 95.23$ reste du Canada (taxe/s incluse/s) ou 89$CND à l'extérieur du Canada. (taxes/douanes locales en sus).

BON DE COMMANDE POSTALE

# PRODUIT	QTÉ	TOTAL	POIDS (g)
	SOUS-TOTAL		
	FRAIS DE MANUTENTION		
	TOTAL		

POIDS DES PRODUITS
LIVRE (400g/ch)
LIVRE DE COLLECTION (200g/ch)
AGENDA (500g/ch)
ALBUM CASSETTES (300g/ch)
LA COLLECTION ROUMA (250g/ch)
CASSETTE, CD ET JEU DE CARTES (100g/ch)
CONFÉRENCE SUR VIDÉO (225g/ch)
COURS VENTE AUDIO (300g/ch)
ATELIER SUR VIDÉO ETC NIVEAU UN (2200g/ch)
ATELIER SUR VIDÉO ETC NIVEAU DEUX (2200g/ch)

N.B. Tous les prix sont sujets à des changements sans préavis.

FRAIS DE MANUTENTION

Calculez le poids de chaque produit commandé, faites le total et référez-vous au tableau ci-bas pour les frais de manutention.

	Service normal (1 à 2 semaines)
QUÉBEC :	$ 5.80
CANADA : *(Autres que le Québec)*	$ 6.80
ÉTATS-UNIS :	$ 7.80

			PAR BATEAU (6 semaines)	**PAR AVION (1-2 semaines)**
AUTRES PAYS	100 à 500g	=	$ 7,50	$11,50
	600 à 1000g	=	$11,50	$20,50
	1100 à 2000g	=	$15,50	$32,00
	2100g à 2500g	=	$26,50*	$46,00*
	2600g à 3000g	=	$30,00*	$54,00*
	Plus de 3100g	=	téléphonez-nous	

*Prix valide seulement pour l'Europe

Paiement par chèque ou mandat-poste à l'ordre de:

ÉCOUTE TON CORPS, 36 rue de la Gare, suite 101, St-Sauveur des Monts, Québec, Canada. J0R 1R0.

EUROPE et ÉTATS-UNIS: Mandat international en devises canadiennes ou par carte de crédit.

☐ VISA Numéro: ____ Exp.: __ / __ (mois / année)

☐ MasterCard Nom du titulaire: ____

Signature: ____

☐ **CHÈQUE / MANDAT-POSTE**

Nom: ____

Adresse: ____

Ville: ____ Code postal: ____

Tél. résidence: ( ) ____ Tél. travail: ( ) ____

Service *ultra-rapide* en téléphonant avec carte de crédit

Ligne directe Montréal et environs: 875-1930

450-227-4411 si interurbain **1-800-361-3834**

Télécopieur: (450) 227-3335

C14